AI와 가상 정체성

인공지능총서

인공지능 시대입니다. 기계가 인간의 인지를 대신하고, 사물이 인간을 통하지 않고 다른 사물과 직접 커뮤니케이션합니다. 이에 따른 인간 삶과 문명 변화를 정확히 이해 · 예측 · 대응하는 것은 이 시대 우리 모두의 과제입니다. 인공지능총서는 인공지능 기술과 환경의 여러 주제를 10가지 키워드로 정리합니다. 관련 개념과 이론, 학계와 산업계의 쟁점, 우리 일상의 변화를 다룹니다. 인간과 기술의 현재, 미래를 세심히 분석합니다.

일러두기

- 인명, 작품명, 저서명, 개념어 등은 한글과 함께 괄호 안에 해당 국가의 원어를 병기했습니다.
- 외래어 표기는 현행 어문규정의 외래어표기법을 따랐습니다.

처음이세요?

전문가세요?

AI와 가상 정체성

윤은호

대한민국, 서울, 커뮤니케이션북스, 2025

AI와 가상 정체성

지은이 윤은호
펴낸이 박영률

초판 1쇄 펴낸날 2025년 9월 23일

커뮤니케이션북스(주)
출판 등록 2007년 8월 17일 제313-2007-000166호
02880 서울시 성북구 성북로 5-11
전화(02) 7474 001, 팩스(02) 736 5047
commbooks@commbooks.com
www.commbooks.com

ISBN 979-11-430-0729-2 03500

책값은 뒤표지에 표시되어 있습니다.

차례

메타버스 광풍이 끝나고

2020년부터 2023년 초까지 코로나19의 세계적인 유행이 한창이던 2022년, 한국의 지식계는 메타버스에 대한 관심으로 가득했다.

SARS-CoV-2라는 바이러스 하나로, 끝없을 듯하던 사회적 거리 두기와 14일 격리 제도가 시작되면서 김승욱의 《디자인 싱킹과 서비스 경영》(2019)에서 어렴풋이 제안되었던 '비대면(uncontact)' 개념은 김용섭의 선도적인 도서 《언컨택트》(2020)와 함께 현실이 되었다. 서로 만나던 사람들이 만날 수 없게 되었으니, 인터넷을 통한 소통은 필수가 되었다. 화상 회의 플랫폼 줌(Zoom)이 빠르게 그 자리를 메웠으나, 이윽고 줌 피로 현상(Zoom fatigue)을 경험한 사람들은 다시 대안을 찾았다. 그것이 바로 메타버스였다.

마침 메타버스 논의가 판을 치던 2022년 초는 가상 통화와 NFT(non-fungible token, 대체 불가능 토큰)가 대중의 관심을 끌던 시기였다. 실생활로부터 분리돼 고립될 수밖에 없던 한국인들에게 사이버 공간은 새로운 대안으로 다가왔다. 스페셜(Spacial) 같은 NFT 갤러리는 물론이거니와 원격 교육과 근무를 위한 가상 교실, 가상 사무실 등의 각종 설루션이 잇달아 출시되었고, 서점에는 수십 권의 메타버스와 관련된 책이 쌓여 있었다.

그러나 코로나 일상 회복을 이룬 지금, 우리는 메타버스가 코로나19라는 전 세계적인 위기 때문에 존재할 수 있었던 대안에 불과했다는 사실을 알게 되었다. 재택 근무의 필요성이 끝나면서 메타버스의 효용성도 빛을 잃었다. 어린이와 청소년 일부가 제페토(ZEPETO)나 로블록스 같은 플랫폼에 관심을 보였던 것도 잠시, 소비자들이 기존의 라이프 스타일로 돌아가면서 현재의 메타버스 공간은 소수가 즐기는 유희에 불과하다. 가상 이미지에 관심이 있던 사람들 또한 미드저니(Midjourney) · 소라(Sora) · 수노(Suno) 등 생성형 아트(generative art) 등으로 관심을 옮겼다.

그러나 메타버스로 대표되는 쌍방향 가상 공간이 저물어 갈 때, 다른 한편에서는 단방향적인 가상 공간이 떠오르기 시작했다. 바로 버추얼 유튜버(virtual YouTuber), 즉 버튜버(VTuber)다. 2016년 12월 공개된 기즈나 아이(キズナアイ)로 시작해 애니메이션화된 캐릭터와 실제 목소리가 결합되어 만들어진 가상 정체성 기반 콘텐츠

가 국내에서도 2022년부터 대안적인 문화 콘텐츠 시장으로 성장하기 시작한 것이다.

2023년 9월 23일 인천의 송도달빛축제공원에서 열린 이세계 페스티벌은 이러한 변화가 드러난 이벤트였다. 인천경제자유구역청과 한국콘텐츠진흥원의 지원을 받아 이뤄진 이날 행사는 여느 음악 페스티벌처럼 시작됐다. 그러나 이날 마지막을 장식한 것은 '왁타버스'에 소속되어 있던 버튜버들이었다. 여기에 가수 김장훈의 버튜버인 '숲튽훈'과 '이세계 아이돌'이 행사의 대미를 장식했다.

인천까지 오기 어려운 지방 관객을 위해서는 CGV에서 라이브 뷰잉을 제공하는 등 현실과 인터넷 공간, 버튜버들이 이미지를 전송하는 가상 공간을 잇는 대규모 기획이 된 이 행사는 아이돌 등의 연예인이 대중 앞에 실제 정체성, 즉 얼굴을 드러냄으로써 성립되는 연예계 · 대중문화의 기본 비즈니스 모델을 엎어 버렸다.

한편, 이 시기 또 다른 유형의 가상 인간이 나타났다. 예준, 노아, 밤비, 은호, 하민으로 구성된 5인조 가상 아이돌 플레이브(PLAVE)는 2023년 첫 싱글을 발매한 이후 2024년 가요 방송에서 3주 1등을 기록한 이외에, 2024 멜론 뮤직 어워드에서 톱10을 수상하는 등의 성과

로 주요 언론사의 심층 보도 대상이 됐다.

플레이브의 경우 아이돌이 퍼포먼스를 통해 타깃의 주의를 끌고, 이들을 팬으로 만들어 재구매를 불러일으키는 아이돌 산업의 비즈니스 모델과 문법을 그대로 쓰면서도 각 멤버들이 만화 그림체와 3D 렌더링을 섞은 데포르메(déformer)화된 캐릭터로 재구되었다는 특이점을 가지고 있다. 이러한 점에서 플레이브의 성공은 아이돌 문화와 함께 〈아이돌 마스터 사이드엠(SideM)〉 등의 일본 남성향 애니메이션이나 〈데뷔 못 하면 죽는 병 걸림〉, 〈이번 생은 우주대스타〉 등의 아이돌 웹소설 등을 좋아하는 사람들을 타깃으로 하는 틈새 마케팅을 통한 블루 오션 구축으로 평가될 수 있다.

그러던 사이, 조계종 스님, 현역 변호사, 중고생이 버튜버로 데뷔하고, 트위터(X)에도 버튜버 계정이 늘어나는 등 우리 시민의 생활에 버추얼 라이브가 새로운 라이프 스타일로서 스며들고 있다.

이 책에서는 이들이 다수 플랫폼에서 활동한다는 점을 감안해 '버추얼 유튜버'보다는 '버추얼 라이버' 등의 표현을 쓰되, 줄임말은 버튜버로 통일한다.

차이 1: 제한된 자유성

버추얼 라이버나 버추얼 아이돌은 3D 렌더링 기술을 사용한다는 점에서 기존의 가상 현실, 더 나아가 메타버스와 다른 점이 없어 보인다. 그러나 기존 가상 현실과 달리, 실시간 동영상 플랫폼을 통해 제공되는 버추얼 라이브에서는 시청자의 동등한 참여가 불가능하다.

실시간 가상 현실에서 시청자는 송출자가 선택한 단방향의 가상 현실을 동영상 형태로 시청하고, 댓글이나 온라인 후원 플랫폼, 팬 카페에서의 활동 등 비교적 제한된 방식으로 라이버의 반응을 불러일으킬 수 있다. 시청자 참여 콘텐츠(시참)에 선정되었을 때에나 직접 참여할 수 있다.

메타버스와 같이 높은 자유도를 갖춘 콘텐츠에 비해 실시간 동영상이라는 저차원의 가상 현실은 그 매력도가 현저히 떨어져 보일 수 있다. 그러나 연세대 HCI랩 김진우 교수 팀의 연구에 따르면 통제 감각을 잃을 수 있는 너무 넓은 공간을 줄 때 사용자는 오히려 재미를 잃어버릴 가능성이 크다(Kim et al., 2017). 따라서 자유도가 낮은 가상 현실이 오히려 사용자들의 참여를 높이게 되는 것이다.

차이 2: 소통과 데포르메

그러나 버추얼 라이버가 대두되던 비슷한 시기의 가상 인간 열풍을 생각하면 단순히 가상 현실의 자유도만을 줄인다는 이유만으로 소비자에게 선택받는 것은 아니라는 점을 알 수 있다.

코로나19 시기에 또 유행하던 트렌드로 가상 인간이 있었다. 예를 들어 LG전자는 코로나19가 퍼진 2020년 바로 가상 인간 김래아를 만들어 인스타그램 활동, CES 전시 콘텐츠로 활용했으며, 스마일게이트 등이 개발한 가상 인간 한유아는 2022년 한 해 CF에 출연하고 음악·도서 등을 발매하며 일반 인플루언서보다 많이 활약했다. 사이더스가 개발해 현재는 네이버 계열사인 로커스엑스가 운영하는 버추얼 휴먼 오로지 또한 패션 잡지와 CF를 섭렵했으며, 이 외에도 2020년대 초반에는 매일 수십 건의 가상 인간 기사가 등장했다.

그러나 코로나19로 인한 사회적 거리 두기가 끝난 직후 방송에 유튜버나 전문가들이 새로운 연예인군으로 등장하면서 굳이 가상 인간만을 선택해야 할 필요가 사라졌다. 또한 구현 기술의 한계로 인해 가상 인간들이 인스타그램이나 유튜브 등의 활동보다는 레거시 미디어를 선택하면서 미디어 시장의 변화에 역행하였으며 기술상의 문제로 이들이 시청자와의 실시간 커뮤니케이션에 적극적으로 응할 수 없다는 한계점을 가진다.

반면, 버튜버 등은 외양만 다르게 재현한 것이므로 실시간 커뮤니케이션이 가능해 실시간 방송 등에 발생할 수 있는 문제에 적극적으로 대응할 수 있다는 장점이 있다. 그러나 이러한 실시간적 대응만이 이러한 차이가 발생하는 이유라고 보기 어렵다.

그 이유를 인간의 시각적 감수성에서 찾아볼 수 있다. 모리 마사히로(森政弘)가 주창한 '불쾌한 골짜기'는 로봇 등의 존재가 인간과 비슷해지려고 할 때 수용자가 어느 시점에서 불쾌함을 느끼게 된다는 이론으로 알려져 있다. 그런데 이 이론이 애니메이션 등의 시각 이미지와도 연관된다는 것이 최근의 정설이다. 즉 인간의 시각은 실제 사람이 아닌 이미지가 인간과 비슷해질수록 불쾌감을 가지도록 구성되어 있기 때문에 이러한 점을 우회하는 비현실적인 재현에 오히려 호감을 가지게 되어 있다는 것이다.

일례로 하타케야마 신이치는 일본 애니메이션과 만화의 독특한 캐릭터와 목소리가 현실을 그대로 그림으로 묘사했을 때 발생할 수 있는 불쾌한 골짜기 현상을 방지하기 위해 생겨났다고 지적한다(畠山真一, 2018). 이런 현상을 데포르메라고 한다(윤은호, 2024, 321～322쪽).

한국의 유튜버 문화 또한 니지산지(にじさんじ)나 기즈나 아이, 홀로라이브 등을 통해 일본식 그림체의 영향을 크게 받은 만큼 이러한 비현실화된 3D 이미지를 통해 구현된 이미지가 현실과 상당히 유사해진 가상 인간보다 수용자의 관심을 더욱 끄는 데에 큰 역할을 하게 되었다는 점을 무시할 수 없다.

차이 3: 부캐와 가상 정체성

그런데 버추얼 라이버가 메타버스나 가상 인간과 달리 지속적인 사용자층을 형성하게 된 요인을 앞서 말한 두 가지 요인만으로 설명할 수 없다. 한국의 버튜버 문화가 크게 성장하게 된 결정적인 요인으로 본 책의 주제인 가상 정체성을 빼놓을 수 없기 때문이다.

가상 정체성의 개념은 정보 사회 이전부터 있어 왔고, 사이버를 통한 가명적 소통은 PC 통신 때부터 활성화되었다고 할 수 있으나 한국 사회에서 가상 정체성이 이른바 '부캐(부캐릭터)'라는 이름으로 받아들여진 시점은 2019년부터 시작된 MBC의 〈놀면 뭐하니?〉라고 할 수 있다. 이 예능 프로그램에서 MC인 유재석은 김태호 PD에 의해 유고스타, 유산슬, 유르페우스, 유두래곤, 유라

섹 등으로 이름과 직업이 바뀌며 해 본 적이 없던 다양한 업무를 부여받고 완수한다. 특히 트로트 가수 유산슬의 경우 상당한 관심을 불러일으켰지만, 캐릭터가 너무 빨리 교체되면서 결국 시청자의 관심이 사그라들었다.

이후 사회적 거리 두기와 레거시 미디어의 약화로 인해 지상파 TV의 코미디 프로그램이 폐지되면서 코미디언들이 유튜브 · 트위치 등 인터넷 미디어를 통해 자신의 페르소나인 부캐를 촬영한 동영상을 유튜브에 올리며 부캐는 새로운 예능적 표현이 되었다. 코로나19 시기 유병재가 프로듀싱한 카피츄(추대엽), 한사랑산악회 · 이호창(이창호)으로 유명해진 피식대학을 시점으로, 다나카 유키오 · 김홍남 · 야스오(강남)를 프로듀싱한 김경욱, 매드몬스터(빵송국), 마미손, 꼰대희(김대희), 둘째이모 김다비(김신영), 뉴진스님(윤성호) 등이 연예 프로그램을 휩쓸었으며, 닛몰캐시 · 뭐랭하멘 등의 유튜버들도 다양한 부캐 활동을 통해 인기를 얻게 되었다(김종선, 2021).

부캐 붐은 한국인들에게 한 개인이 실명으로 규정된 정체성만으로 살지 않아도 된다는 것, 더 나아가서 개인의 가상 정체성 또한 존중받아야 하는 인격이라는 사실을 받아들이게 하는 계기가 되었다. 예를 들어 2019년

펭수가 론칭했을 때만 해도 펭수 안의 사람에 대한 관심이 끊이지 않았지만(유지연, 2020), 지금은 페르소나 그 자체에 대한 팬덤이 생겨나는 등 다른 사람이 가진 가상 정체성에 대한 존중이 이어지고 있다.

한국 사회는 그동안 게젤샤프트(Gesellshaft, 공동 사회)답게 개인이 원래 지역 사회에서 불리는 이름과 실제 나이, 직업 등에 따른 사회적 시선이 부여되었고, 그러한 활동에 맞게 살 것이 요구되어 왔다. 그러나 디지털 사회는 사회적 서사로부터 독립된 별개의 서사를 가능하게 하고 있을 뿐 아니라 오히려 그러한 서사를 통해 사회로부터의 해방구 역할을 하고 있다(Hardey, 2002; Herold, 2012). 물론 이러한 탈출이 오히려 사이버 폭력을 부추기는 부작용이 있긴 하지만, 현재의 가상 정체성 문화는 최소한 인터넷 실명제보다는 순기능이 더 많아 보인다.

AI 가상 정체성의 도입

그런데 최근 이러한 가상 정체성 기반 커뮤니케이션에 사람 없이 작동하는 인공지능이 도입되고 있으며, 이러한 인공지능 실용의 최전선에 인공지능 챗봇이 아닌 버추얼 라이버가 서 있다.

세계 최초의 AI 버튜버는 'Vedal987'이라는 프로그래머가 개발한 뉴로사마(Neuro-sama)다. 2019년 오픈 리듬게임 〈OSU!〉를 플레이하는 AI 모델로 개발되었던 이 인공지능을 비달이 친구의 말을 듣고 대규모 언어 모델(large language model, LLM)을 포함한 인공지능으로 확대 재편해 2022년 12월부터 공식 생방송을 시작했다.

국내에서도 이러한 흐름을 따라 2023년 3월 29일 한 프로그래밍 유튜브 채널이 모나루를 만들어 첫 방송을 했고, 스브스뉴스 서브채널인 오목교 전자상가도 2023년 5월 말 AI 유튜버 시연 동영상을 올린 바 있다. 그러나 실질적으로는 버튜버 라디유 팀이 개발해 2013년 12월 공개한 라디안을 국내 최초의 AI 버튜버로 보는 것이 더 무리 없는 해석이겠다.

라디안은 특히 최초 학습 데이터가 라디유의 음성 등 방송 데이터라는 데서 접근 방법이 참신할 뿐 아니라 최근에는 이미지 인식, 노래, 게임 플레이까지 그 기능이 확장되고 있다.

물론 AI 버튜버들이 윤리적으로 부적절해 보이는 발언을 쉽게 하는 등의 문제로 인해 실제 방송 투입을 중단하고 지속적으로 수정하는 문제가 반복되고 있으나, 인공지능 기술 발전이 지속적으로 이뤄지고 있다는 점에서 몇 년 안으로는 안정적인 인공지능 버튜버가 등장할 것으로 보인다. 이렇게 되면 기존의 사람이 들어가 활약하는 버튜버가 사라져 가고 그 자리를 인공지능이 차지하는 현상 또한 상상할 수 있다.

가상 정체성 기반 AI와 향후 과제

현재의 AI는 주로 기존의 텍스트나 이미지를 학습하고 그것을 새롭게 재현한다는 점에서 LLM 방법론을 크게 벗어나지 못했다. 따라서 이들 인공지능은 텍스트에 기반해 사고하고 행동할 수 있으나 사람과 동일한 정도의 상호 작용을 하는 데까지는 이르지 못했다.

그런데 가상 정체성이 낳은 버추얼 라이버에서 나아간 AI 버튜버는 LLM보다도, 인공지능이 최종적인 목표로 삼고 있는 '인간과 유사한 지능'에 더 가까운 발걸음을 보이고 있다. 이 책이 가상 정체성의 전후 맥락에 더욱 관심을 쏟은 것 또한 최근 등장하기 시작한 AI 버튜버가 가상 정체성이라는 개념의 전파가 없었다면 불가능한 것이기 때문이다.

그렇기에 이러한 버튜버 현상을 가능하게 만든 가상 정체성 현상의 맥락을 파악하고, 가상 정체성 기반 인공지능의 향후 현상을 파악하는 것 또한 향후 인공지능의 향방을 살펴보는 데에서 중요한 관점이 될 것이다.

특히 가상 정체성 기반 인공지능은 향후 새로운 인공 학습 구축 방법론의 가능성을 제시하고 있다. 첫째로, 인공지능의 학습 단위를 동영상 단위로 하는 것이다. 현재의 AI 버튜버들은 음성과 텍스트, 감정 표현 등을 분절하여 단위별 학습으로 구성되었다. 그러나 앞으로 버튜버들의 방송과 대응이 담긴 동영상 그 자체를 단위로 하여 인공지능 학습이 이뤄지게 된다면 인간의 소통 방식에 대한 근본적인 접근이 이뤄질 수 있다.

또한 버튜버들의 방송 양식 또한 인간의 소통 방식에서 인공지능이 이해하기 어려운 장난, 거짓말과 이에 대한 반응을 학습하기 좋은 재료가 될 것이다. 실제로 버추얼 유튜브 방송에서는 AI 버튜버들이 시청자나 타 버튜버들의 장난을 대할 때 인간과 유사하지만 차별화된 대응을 보여 주고 있다는 점에서, 이들의 의사소통 방식은 향후 인공지능을 더욱 인간답게 만드는 데에 큰 도움이 될 것이다.

그러나 이러한 기술의 발전에 긍정적인 작용만이 있는 것은 아니다. 특히 시청자와 방송자 간의 정서적 차이로 인한 소통상 문제, 더 나아가 라이버나 버튜버의 감정노동과 함께 정서적 괴롭힘 등 여러 문제가 도사리고 있다. 향후 AI 버튜버 기술이 발전하게 된다면 라이브 동영상 무단 학습 등 현재 생성형 인공지능으로 인한 문제가 되풀이되는 것을 넘어 더욱 확대될 여지 또한 있다고 할 것이다.

베냐민이 "기술 복제 시대의 예술 작품"에서 비디오가 인간을 인간됨으로부터 추방하는 현상을 고발한 바 있듯(Benjamin, 1963), 가상 정체성 기반 인공지능이 인간을 인간됨에서 추방하는 일이 없도록 현대인의 인식과 경계가 요청되고 있다.

참고문헌

김승욱(2019). 《디자인 씽킹과 서비스 경영》. 박영사.

김용섭(2020). 《언컨택트》. 퍼블리온.

김종선(2021). "인스타그램에 나타난 멀티 페르소나 패션이미지에 관한 연구: "부캐" 사례를 중심으로". 《복식문화연구》, 29(4), 603~615쪽.

유지연(2020). "허구와 현실을 오가는 은밀한 공동체로서의 온라인 팬덤 사례 연구". 《문화콘텐츠연구》, (18), 77~188쪽.

윤은호(2024). "애니메이션과 현실공간의 결합에 대한 연구". 《일본학보》, 138, 311~332쪽.

畠山真一(2018). "アニメーション作品におけるリアリティ水準と'不気味の谷'". 《尚絅大学研究紀要 A》, 50, pp.15~30.

Benjamin, W.(1963). *Das kunstwerk im zeitalter seiner technischen reproduzierbarkeit.* Suhrkamp.

Hardey, M.(2002). Life beyond the screen: Embodiment and identity through the Internet. *The Sociological Review, 50*(4), pp.570~585.

Herold, D. K.(2012). Escaping the world: A Chinese perspective on virtual worlds. *Journal of Virtual Worlds Research, 5*(2), pp.1~16.

Kim, T-D. et al.(2017). Escape from infinite freedom: Effects of constraining user freedom on the prevention of dropout in an online learning context. *Computers ipn Human Behavior, 66*, pp.217~231.

01
가상 정체성의 전신들

가상 정체성을 디지털로 구현하기 전에도 인류는 자신과 다른 사람이 되고자 여러 가지 노력을 기울여 왔다. 비밀 의례, 연극 등의 따라 하기 연행은 코스프레, LARP 등으로 이어지며 현대인의 가상 정체성 구축에 큰 영향을 끼쳤다. 한편, 가명과 호, 닉네임을 허용하는 사회적 문화 또한 디지털 가상 정체성의 형성에 큰 영향을 끼쳤다.

AI와 1인 창업?

인간적 본성, 가상 정체성

인간이 내가 아닌 다른 사람이 되길 꿈꾼 것은 이미 오래 전부터의 일이었다. 이러한 표현을 수행하기 위해 인류가 선택한 첫 번째 표현은 제의였다.

특히 인류세 초기 비밀 제의, 즉 비의는 비밀을 공유한 제의 참가자를 비참가자와 구분했다. 오시리스 제의와 같이 정치적 목적에서 이뤄진 제의는 통치자를 신으로 동일화해 우두머리의 통치를 정당화했으며, 종교적 제의 또한 종교에 입문한 개인을 신과 일체화하여 입문자에게 소속감과 정체성을 부여하는 역할을 했다.

한편, 그리스 문화에서 형성된 연극 또한 이러한 역할을 했다. 수많은 작가가 쓴 다양한 연극은 그리스 고대 시민에게 유흥거리를 제공함과 동시에 도시 국가의 정체성을 강화하고, 더불어 배우들에게는 연극 도중 자신을 타인으로 바꾸는 경험을 하면서 후배 배우들에게 전통을 계승하는 역할을 수행했다.

그리스 점령 이후 그리스 문화를 적극적으로 채택한 로마 또한 '세상의 놀이(Ludi Saeculars)'와 같이 1세기 단위로 열리는 로마에 의한 국가 제의(Dunning, 2022)와 전승식 등에서 연극을 진행했을 뿐 아니라 기원전 12년에는 1만 7천 명 정도의 관객을 수용할 수 있는 마르첼

루스 극장을 개관하는 등 연극 시설도 갖췄다. 그러나 로마 시민이 직접 연기자가 되는 것을 천히 여겨 노예로 연기자를 구성해 왔다. 데메테르교나 디오니소스교 등의 비의도 계속해서 로마인의 삶에 큰 영향을 끼쳤다.

그러나 로마의 기독교 공인과 함께 연기는 큰 위기를 맞는다. 당시 연극이 우상 숭배와 강하게 결부되었기에 초대 교회는 연기자를 세례를 받을 수 없는 사람으로 정했다. 이런 기조 아래 기독교 공인 이후 로마인의 삶을 지배한 고대 종교들은 이교로 전락했고, 이들의 기록도 철저히 말살되었다.

그러나 중세에 이르러 그레고리안 성가의 발전(또는 난립)과 함께 주요 축일에 역할을 나눠 성경을 노래하는 전례극이 형성되었고(McCall, 2007), 이후 수녀 호로츠피타(Hrotsvitha, 935?~973), 성 힐데가르트(Hildegard von Bingen, 1098~1179), 힐라리우스(Hilarius)가 전례극 각본을 발표했다.

중세 중기가 지나면 글자를 모르는 사람들을 가르치기 위해 방랑 극단이 조직돼 성경의 내용을 시연했다. 이후 프란치스코회가 사부의 죽음을 기념하기 위해 매년 기일마다 전이 예식(Transitus)을 열 즈음에는, 기독교의 연극에 대한 반감도 점차 사라져 갔으나, 중세 유럽

각국의 행사를 위해 노래와 춤을 곁들인 인테르메디오(intermedio)가 생겨나면서 연극이 부활하기 시작한다.

이후 르네상스 시대 이탈리아 궁정 신하였던 오타비오 리누치니(Ottavio Rinuccini, 1563~1621)가 첫 오페라 〈다프네(Dafne)〉를 1598년에 공연했고, 이후 고전주의 운동과 셰익스피어 등의 극작가의 등장으로 인해 과거의 연극들이 복원되었다.

따라 하기의 개인화

그러나 르네상스를 지나 근대에 이르러서도 연기는 여전히 일반인이 할 수 없는, 훈련을 받은 사람들이 하는 특별한 일로 여겨졌다. 그도 그럴 것이 당대 공연, 즉 연극 · 연회 · 오페라 · 음악회 등은 별도의 공간에서 오랫동안 훈련받은 전문 연극인만이 시현 가능한 것으로 여겨졌기 때문이며, 19세기 중반에 마술(Hoffmann, 1887) 등이 대중에게 보급되기 시작한 때에야 비로소 개인 집의 영역으로 조금씩 들어오기 시작했다(Bullivant, 1910). 그러나 개인이 부여된 주체가 아닌 다른 존재가 되길 꿈꿀 수 있다는 인식은 그때까지도 없었던 것으로 보인다.

이러한 상황에서 주체와 가상적 존재의 경계를 허물기 시작한 하위문화가 과학 소설이었다. 과학 소설의 시초로 쥘 베른(Jules Verne)의 1870년대 소설들과 허버트 웰스(Herbert George Wells)의 1890년대 소설을 꼽기도 하지만, SF가 장르로 굳건히 자리 잡은 때는 휴고 건즈백(Hugo Gernsback)이 잡지 《어메이징 스토리(Amazing Stories)》를 1924년부터 발간한 이후다(Hansen, 2016, p.14).

1930년대에 이르러서는 영국과 미국에서 개별적으로 SF 팬덤들이 조직되면서 사회에 들어맞지 않는 '독특한' 사람들의 대안 사회 역할을 하기 시작했다(Silberman, 2015/2018, 308~313쪽).

이어 1936~1937년에는 SF 팬들이 모이는 컨벤션 모임이 생겨났으며, 이는 곧 1939년 세계과학소설컨벤션(World Science Fiction Convention), 즉 월드콘(Worldcon)의 출발로 이어졌다. 그리고 이 첫 월드콘에서 SF 코스프레의 첫 시점으로 여겨지는 미래인 의상(futuristcostume)이 등장한다(윤은호, 2025, 6쪽).

2차 세계 대전과 6·25 전쟁을 지나 1960년대에 들어서면서 과학 소설과 함께 톨킨(J.R.R. Tolkien)이 촉발한 판타지도 여러 나라로 전파되었다. 이러한 영향은 일본 만가·아니메로 이어져 1970년 중반 가상 정체성의 시각적 실현인 코스프레 문화를 일으킨다. 한편, 영국에서

는 1960년대 청소년을 중심으로 패션을 주요 매개로 한 서브컬처(subculture)가 정착되었고, 1980년대가 되면 갸루(ギャル)계나 타케노코족(竹の子族) 등의 다양한 일본 패션 문화가 나타나면서 다른 사람이 되고자 하는 독특한 '옷 입기'는 점차적으로 '일탈'이나 '사기'가 아닌 새로운 자기 정체성의 표현이 된다.

호와 가명

한편, 다른 사람으로 존재하는 또 다른 방법으로, 다른 이름으로 글을 내는 방법이 있다. 이름과 얼굴로부터 분리된다는 것만으로도 안전성이나 자유 등 이점이 많다.

이를 위해 가장 적극적으로 사용되는 전략은 아예 이름 없이 글을 써서 공개된 장소에 투서하는 것이다. 그러나 이 경우 불특정 다수를 대상으로 하는 메시지가 아니라면 공개된 장소를 통해 소통할 때 수발신자가 서로를 알아볼 방법이 없다. 그때 쓰는 것이 가명이다.

그런데 한민족에게는 수백 년 전부터 가명을 쓰는 문화 전통이 있었다. 그것이 호, 그중에서도 별호(別號)다. 별호는 다른 사람의 이름을 부는 것을 꺼리는 유교 전통에서 시작된 것이기는 하나, 성명과 자와 달리 스스로 짓고, 언제라도 더할 수 있다는 차이점이 있다. 이에 유학자들은 자신의 문집 등에 자신의 호를 주로 사용했다.

이 중 가장 수많은 별호를 쓴 이는 추사(秋史) 김정희로, 호의 수가 503개에 달한다 하며(최승범, 1991), 이 외에도 수많은 전근대 지식인과 문인들도 당연하게 여러 개의 호를 이용했다.

그러나 근대의 도래와 함께 출판물, 특히 잡지의 시대가 오게 되었다. 일제 강점기에 들어서며 독립운동 등의 이유로 작자의 신원을 밝히기 곤란한 투고가 급격히 늘어났는데, 이때 호를 쓰면 신분이 들통 나게 되어 별도의 가명을 쓰는 경우가 늘어났다. 처음에는 이름만 밝히거나 자신과 다른 성명을 쓰는 경우도 있었지만 점차 '○○생', 'ABC' 등 이름과 무관한 가명도 늘어나게 되었다.

한편, 군사 정권 시기에는 민주화 운동에 대한 탄압으로 많은 시민이 비인권적 탄압에 맞서기 위해 가명을 썼는데, 이 때문에 1990년대의 PC 통신은 실명 사용이 의무화되었다. 결국 텍스트 기반 인터넷이 월드 와이드 웹으로 바뀔 즈음에서야 한국인은 SF 작가 듀나와 만화-애니 팬덤, 코스어(coser)를 시점으로 마음 놓고 닉과 함께 가상 정체성을 가질 수 있었다.

참고문헌

윤은호(2025). 《코스프레》. 커뮤니케이션북스.

최승범(1991). "호". 《한국민족문화대백과사전》(24권), 854쪽. 한국정신문화연구원. https://encykorea.aks.ac.kr/Article/E0063656

Bullivant, C. H.(1910). *Home fun.* Dodge Publishing Company.

Dunning, S. B.(2022). The transformation of the saeculum and its rhetoric in the construction and rejection of roman imperial power. In Faure. R., Valli. S-P., & Zucker. A. (eds.), *Conceptions of time in Greek and Roman antiquity*, pp.199~230. De Gruyter.

Hansen, R.(2016). *THEN: Science fiction fandom in the UK: 1930-1980.* Ansible Fandom.

Hoffmann, L.(1887). *Drawing-room conjuring.* George Routledge and Sons.

McCall, R. D. (2007). *Do this: Liturgy as performance.* University of Notre Dame Press.

Silberman, S.(2015). *Neurotribes.* Avery Pub Group. 강병철 옮김(2018). 《뉴로트라이브》. 알마.

02
사이버 가수와 챗봇

현재 우리의 삶에 가상 정체성을 가장 가깝게 가져온 전 단계의 존재로 사이버 가수와 챗봇을 빼놓을 수 없다. 사이버 가수가 IT 산업 초기 한국 사회에 디지털 정보화의 필요성을 알린 동시에 한국인의 가상 정체성 이해를 도왔다면, PC 통신 채팅과 챗봇은 사람 간의 소통이 컴퓨터를 통해서도 가능하다는 사실을 한국인에게 알려 주었다.

AI와 MBTI?

'아담, 너는 어디에?'

1997년 12월, 갑자기 대한민국에 사이버 가수가 등장했다. 그의 이름은 아담. 1998년 1월 23일에 열린 시연회는 김종필 총재와 정보화 우선론을 주창한 이어령 교수가 참여할 정도의 큰 사건이었다.

아담의 개발은 호리프로(ホリプロ) 최초의 가상 아이돌 다테 교코(伊達杏子)에게서 자극받은 것이었다(Lee et al., 2025). 모션 캡처를 활용하기는 했으나 3D 애니메이션 기술이 초기 단계에 머물러 있던 시절의 산물이었다. 다행히 아담의 1집 음반은 20만 장 이상의 매출을 기록했다. 아담은 카이스트(KAIST) 전산학과 명예 학생으로 입학하며, TV 광고뿐만이 아니라 〈연예가중계〉 등의 각종 TV 예능, 드라마, 라디오, 대학 졸업식에 출연하며 인기를 끌었다. 아이돌처럼 각종 굿즈도 판매되었다. 그 결과 2집을 내고 1999년까지 활동을 잇게 되었다.

1997년 IMF 위기로 인한 경제난에 빠진 대한민국 국민에게 '사이버 가수' 개발 소식은 한 줄기 희망이 되었다. IMF 이전에도 대한민국 정부는 디지털 기술을 신성장 동력으로 보고 있었고, 민간 기업도 정보 산업화를 통해 선진국으로 나아가자는 전략을 지니고 있었다. 인터넷에 접속하는 방법을 배우고, 자신의 홈페이지를 만드는 것이 한국인의 지상 과제처럼 여겨지던 그때 사이버 가수의 론칭 소식은 정부가 추진하는 디지털화를 시민들에게 가시화하는 역할을 했다.

아담의 성공을 본 수많은 업체도 후속 '사이버 캐릭터' 개발에 뛰어들었다. 비슷한 시기 현대그룹 자회사가 개발해 국내 2호 사이버 가수가 된 류시아(Lucia)는 '루시퍼(Lucifer)'와 '메시아(Messiah)'를 합성한 이름으로, 아담과 달리 비인간성을 강조했다. 류시아도 2집까지 음반을 냈으며, 야구 시구에 참여하거나 서울시장 후보와 인터뷰를 진행하는 이외에 TV 광고뿐만이 아니라 패션모델, 작가, 시인 등으로도 활약했다. 한편, 후속 주자로 LG인터넷이 개발한 사이다(CYDA)도 비슷한 시기에 1집을 내고 활동했으며, 걸스카우트에 가입하기도 했다.

이들의 성공 사례는 곧바로 타 기업으로 퍼져 다양한 '사이버 캐릭터'의 개발로 이어졌다. 경희대의 경우는 학생 언론의 주관으로 '라이언'을(이원홍, 1998.6.4), 숙명여대는 사이버대학교의 1호 학생으로 '스노우'를, 경북대도 홍보 캐릭터로 '누리'를 개발했다. 한편, 작가 '새파란', 홈쇼핑 쇼호스트 '새출발' · '신이나', KBS기술연구소가 개발한 탤런트 '키위' 등이 언론에 등장했으며(박상희, 1998.6.22), 이 외에도 순천시가 개발한 사이버 공무

원 '공정한', 삼성 SDS 홍보맨, 한미은행의 사이버 은행원 '나한미' 등 기업들의 적극적 도입도 잇달았다(오영미, 1999.7.5).

그러나 이들 모두 당시 충분하지 않았던 컴퓨터 그래픽 · 애니메이션 기술에 발목을 잡혔다. 개발 회사 대부분이 영세 기업이었는데, 당시 기술로는 몇 초의 내용을 작성하는 데에 1주일 이상의 제작 기간이 걸렸고, 당시 전국을 강타했던 IMF의 영향으로 인해 수익 창출에도 제약이 있었던 것이다.

대중의 반응도 시원치 않았다. 당시 PC 통신에서의 논의를 보면 '시도는 좋지만 성급하다'는 의견이 대부분이었고(정연욱, 1999.3.3), 호감이 간다는 국민의 수 또한 제한적이었다(신연수, 1998.5.1).

따라서 많은 기업의 요구에 대응하지 못하게 된 사이버 캐릭터는 수요가 완전히 사그라들었고, 이로 인해 아담소프트를 비롯한 회사들은 사업을 중단하게 되었다.

대한민국의 사이버 가수 붐은 1990년대 정보화 욕구와 IMF 위기라는 사회적 변화 모두에 의해 가능한 변화였다. IMF라는 경제적 위기는 사이버 캐릭터가 가지고 있는 경제적 가능성을 가시화했으며, 이를 통해 컴퓨터 그래픽, 더 나아가 캐릭터 등의 비-인간이 쉽게 노출될 수 있었다. 초기 가상 인간은 당시 3D 애니메이션 기술의 한계로 인해 비즈니스적 측면에서는 실패했으나 한국인에게 가상의 존재를 친숙하게 하는 큰 역할을 했다는 의의가 크다.

맥스와 심심이

1990년대까지만 해도 컴퓨터를 통한 소통의 가능성은 일반 시민에게는 낯설고, 때로는 위험한 일이었다. 1990년대 KBS 프로그램 〈긴급구조 119〉에서는 PC 통신을 통해 친해져 자주 정팅(정기 채팅)을 하던 사람 중 한 명이 갑자기 반응을 하지 않자 지인 중 한 명이 그 지역 119에 신고를 해 그 사람을 구출해 냈다는 사실을 꼭지로 다룰 정도였다.

그런데 윈도95 이전인 PC 통신 초기부터 한국인과 PC가 쉽게 소통할 수 있었다는 사실을 아는 사람은 많지 않다. 이를 가능하게 한 것이 1993년 아시아 최초로 개발된 챗봇(Chatbot) 맥스(MAX)다.

최초의 챗봇인 1966년의 일라이자(ELIZA), 1982년의 패리(PARRY), 1984년의 랙터(RACTER)보다는 늦은 것이나(Güzeldere & Franchi, 1995), 1995년 본격적인 AI용 프로그래밍 언어 AIML(artificial intelligence markup language)과 함께 개발된 앨리스(ALICE)보다는 2년 앞선 개발이었다.

국내 PC통신 초기에는 채팅이라는 개념이 IRC 프로토콜처럼 텍스트 통신을 통해 다른 사람과 소통할 때만 적용되었다. 그러나 맥스는 사용자의 입력 내용 중 키워드 단어를 찾아 해당 키워드에 반응하는 방식으로 개발돼 외부 자원을 사용하지 않고도 컴퓨터와 사람 간의 소통을 가능하게 했다. 1990년대 중후반에는 알고리듬을 바꾸어 의미소 차원의 자연어 처리까지 가능해졌다(오원석, 2015.9.8).

맥스를 통해 컴퓨터로 의사소통이 가능하다는 사실을 알게 된 수많은 PC 이용자가 맥스를 다운받아 썼다. 그러나 GUI(그래픽유저인터페이스) 이행과 유료화 전략의 실패로 인해 PC 통신기 후반에는 인기가 줄어들었다. 이후 프로그램 원본도 한 회사로 팔린 후 소실되었다. 그럼에도 맥스는 가상 정체성과의 대화를 가시화하는 최초의 실마리를 제공했다는 점에서 의의가 크다.

한편, 2002년에는 인터넷 챗봇 심심이가 생겼다. 심심이는 2001년 액티브버디(ActiveBuddy)사가 개발한 메신저 봇인 스마터차일드(SmarterChild)의 영향을 받았으나, 작동 방식은 크게 달랐다. 사용자가 키워드를 입력하면 다른 사용자가 가르쳐 준 내용 중 일부를 랜덤으로 출력하는 기능이 주요 포인트였다. 이 때문에 키워드를 통해 텍스트 게임을 만들 수도 있었다. 또한 당시 KBS2 〈일요일은 즐거워〉로 인기가 많던 꿍꿍따 게임 기능을 지원하는 등 여가 용도가 강조되었다.

그러나 심심이의 인기는 2004년에 개발사가 KT와 제휴하면서 끝나게 된다. 당시 KT가 무리하게 MSN 봇을 종료하고 자사 서비스로 봇을 이전한 데다가, 심심이라는 상표도 무단으로 가져가면서 두 회사의 신뢰 관계가 훼손돼 민사 소송으로 이어졌다. 마침 한국 누리꾼들도 MSN 메신저에서 싸이월드와 연동된다는 장점이 있는 네이트온으로 옮겨 가면서 더는 심심이를 이용할 필요가 사라졌다.

심심이는 결국 원개발사의 의지에 의해 2022년 글로벌 채팅 애플리케이션으로 부활했다. 그러나 작동 방식은 2002년 개발 당시와 동일하게 유저의 자발적인 참여에 기반하고 있는 데다가 주요 타깃에게 알려지지 않고 있다는 아쉬움을 지닌다.

참고문헌

박상희(1998.6.22). “사이버 인간의 ‘虛像’”. 《조선일보》, 19면.

신연수(1998.5.1). "'사이버스타' 의외로 호감 적어". 《동아일보》, 12면.

오영미(1999.7.5). "일복 터진 사이버도우미 사랑 한 몸에". 《한겨레》, 21면.

오원석(2015.9.8). "DOS 시절 '맥스'가 열어준 개발자의 삶 #박정만". 《블로터》. https://www.bloter.net/news/articleView.html?idxno=21813

이원홍(1998.6.4). "키182㎝ 73㎏ 사이버 대학생 경희大서 탄생". 《동아일보》, 18면.

정연욱(1998.3.3). "사이버가수 등장 성급한 느낌". 《동아일보》, 18면.

Güzeldere, G. & Franchi, S.(1995). Dialogues with colorful "personalities" of early AI. *Stanford Humanties Review*, *4*(2), pp.161~169.

Lee, K.J. et al.(2025). Can't believe I'm crying over an anime girl: Public parasocial grieving and coping towards VTuber graduation and termination. In *Preceedings of CHI Conference on Human Factors in Computing Systems(CHI '25)*, pp.1~23. doi:10.48550/arXiv.2504.13421

03
보컬로이드와 MMD

사이버 가수의 개념은 의외로 다른 방식으로 계승되었다. 야마하가 개발한 음성 합성 소프트웨어 보컬로이드가 캐릭터와 결합되면서 음성 합성 엔진은 소프트웨어에서 서브컬처 장르로, 더 나아가 프로듀서, 우타이테, 오도리테 등이 돈을 버는 문화 산업으로 점차 발전했다. 그리고 이 보컬로이드 팬덤이 만들어 낸 것이 오버스펙 3D 애니메이션 렌더링 프로그램, MMD다.

AI와 난임 극복?

보컬로이드의 시작

보컬로이드(VOCALOID)의 개발 시점은 1990년대로 거슬러 올라간다. 문어발 기술 회사로 알려진 야마하는 이미 1959년부터 엘렉톤 등 디지털 악기를 발명했으며, 1980년대에는 컴퓨터용 사운드카드를 개발하여 음악의 디지털화를 주도한바, 1990년대 초반부터는 목소리와 관련된 기술의 개발에도 관심을 두게 되었다.

1997년 야마하는 스페인 폼페우 파브라대학교와 제휴해 노래방에서 노래를 부르는 사람의 소리를 개선하는 프로젝트를 2년 동안 진행했으나 기술 방식의 한계점과 경제성 문제로 인해 실용화에는 이르지 못했다. 그러나 연구 결과를 바탕으로 '노래하는 신시사이저'를 개발하자는 동의가 있었고, 이에 야마하와 폼페우 파브라대학교는 2000년 합자 회사를 설립해 "음악 제작 현장에서 '사용 가능한' 음성 합성 시스템"(剣持秀紀 · 大下隼人, 2007)의 개발에 착수했다(Michel, 2014.11.11).

합자 회사에서 2년에 걸쳐 연구한 끝에 2002년 3월 무렵 최초의 프로토타입이 나왔다. 그러나 야마하가 사운드 라이브러리를 모두 개발하는 것은 불가능하다는 의견이 나왔다. 이에 이 즈음에 시스템 모델을 바꿔 사운드 라이브러리는 타사와 협력해 개발하기로 하고, 2002년 중반 제휴사를 모집해 일본어와 영어 라이브러리 개발에 착수했다.

2002년 중순부터 자음을 말할 수 있게 된 합성 모델은 2003년에 독일 음악 박람회에서 첫 시연을 진행했다. 그리고 2004년 NAMM 쇼에서 처음으로 영국 회사가 만든 레온(LEON)과 로라(LOLA)가 발표됨으로써 보컬로이드는 첫 상용화를 맞는다. 그러나 발표 이후 보컬로이드 음성들은 많으면 수천 개, 적으면 수백 개 정도나 팔리는 정도에 불과했다.

보컬로이드의 문화 산업화

그러던 보컬로이드가 문화 산업의 아이콘으로 변모하게 된 데에는, 일본 측 라이브러리 협력사였던 크립톤 퓨처 미디어사의 기여가 컸다. 1995년에 개업한 이 회사는 PC 기반 음원 소프트웨어의 수입을 기반으로 한 자체 음원 개발 실적이 있었는데, 이에 2002년 5월부터 야마하의 초청을 받아 보컬로이드 개발에 착수하게 되었다.

이에 보컬로이드 1이 개발되었을 때 크립톤 퓨처 미디어는 보컬로이드 '메이코'를 발표했는데, 팬덤의 지지를 받아 첫해에 3천 개가 넘는 판매 실적을 보였으며, 이에 2006년 후속 보컬로이드 '카이토'의 발표로 이어졌다(劍

持秀紀 · 大下隼人, 2007, p.27).

그러나 보컬로이드 1이 야마하가 예측했던 것보다 홍보가 되지 않아 낮은 매출을 보인 데다가, 보컬로이드 2 기술이 1과 달리 실제 목소리를 X-SAMPA 코드에 맞춰 저장하고, 이를 합성 엔진을 통해 결합하는 방식으로 바뀌면서(剣持秀紀 · 大下隼人, 2008, p.54) 크립톤 퓨처 미디어는 애니메이션 성우의 목소리를 담아 만화 애니 팬덤을 위한 캐릭터와 함께 보컬로이드 2용 소프트웨어를 판매하기로 했다.

2007년 5월에 후지타 사키(藤田咲)의 목소리를 담은 하츠네 미쿠(初音ミク)가 출시된 지 3개월 만에 2만 5천 개 이상의 번들이 판매되었으며(剣持秀紀 · 大下隼人, 2008), 곧바로 번들을 구매한 팬덤 구성원들은 당시 일본에서 젊은 누리꾼들의 관심을 끈 니코니코동화 사이트에 자신들이 하츠네 미쿠를 사용해 만든 작품들을 올리기 시작했다.

이후 하츠네 미쿠를 통해 만든 음악들은 보컬로이드만으로 불려졌다는 의미로 오리지널로 불리게 되었는데, 2007년 9월부터 〈미쿠미쿠하게 해줄게♪〉, 〈멜트〉, 〈꿈꾸는 작은 새〉, 〈사랑은 전쟁〉, 〈블랙 록슈터〉, 〈월드 이즈 마인〉 등의 미쿠 오리지널이 니코니코동화에 올라가 전 세계로 퍼져 나갔다.

하츠네 미쿠의 성공은 성우 시모다 아사미(下田麻美)의 목소리를 남성과 여성형으로 다듬은 쌍둥이 카가미네 린 · 렌(鏡音リン · レン)의 개발(2007.12)로 이어졌으며, 린과 렌으로도 다수의 오리지널이 공개되었다. 이후 크립톤 퓨처 미디어는 유명 비주얼 록 가수 각트(GACKT)의 목소리를 담은 '가무이 가쿠포(神威がくぽ)' 등의 후속작을 내며 캐릭터들을 활용한 미디어 믹스를 적극적으로 추진하게 된다.

특히 보컬로이드 시리즈의 성공에 가장 큰 영향을 준 것은 야마하와 크립톤 퓨처 미디어와의 협력 아래 보컬로이드를 사용해 만든 결과물에 자유 저작물에 준하는 공유성을 가능하게 한 피아프로 캐릭터 라이선스(PCL)였다.

이러한 높은 자율성은 '악의 딸' 시리즈, '가게로 프로젝트(カゲロウプロジェクト)' 등 보컬로이드 캐릭터를 이용한 새로운 스토리텔링의 창출로 이어져 오히려 원 회사의 개발 비용을 줄이면서 라이선스 비용을 받는 이득으로 돌아오는 성공적인 비즈니스 모델로 이어졌다. 이 즈음에는 오리지널을 부르거나 안무를 춤추는 사람들인 우타이테(歌い手)와 오도리테(踊り手)도 등장해 인

플루언서로 활약했다. 대한민국에서도 이러한 가능성을 보고 보컬로이드 2 · 3 프로젝트인 시유(SeeU, SBS 아트텍)와 유니(UNI, 에스티미디어)가 출시되었다.

보컬로이드 프로젝트는 이후로도 3(2011), 4(2014), 5(2018), 6(2022) 시리즈로 계속 발전하고 있으며, 2025년 현재도 프로젝트 디바 아케이드(2010~현재), 프로젝트 미라이(2012~2015), 프로젝트 세카이 컬러풀 스테이지(2020~현재) 등 미디어 믹스와 신곡이 끊이지 않고 나오고 있다.

한편, 야마하 인턴십을 바탕으로 보컬로이드를 중국어에서도 적용하고 싶다는 생각을 가지고 중국 프로그래머가 개발한 신시사이저 V(Synthesizer V) 또한 2017년부터 개발된 이래 지속적으로 버전 업을 이어 오고 있으며, 2025년 3월에는 앞서 소개한 유니가 신시사이저 V로 발매되었다. 이러한 이유로 최근에는 이 장르가 중립적인 의미에서 음성 합성 엔진(음합엔)으로도 불리고 있는 듯하다. 다만 최근 유니의 목소리를 담당했던 성우가 자신의 목소리 데이터가 신시사이저 V의 인공지능 기술에 활용된 것에 문제를 제기해 배포 금지 가처분을 받아내 향후 추이가 주목되고 있다.

미쿠미쿠댄스, 미쿠가 가져온 변화

한편, 보컬로이드 문화 초기였던 2007년 말, 유구치 유(樋口優)라는 닉의 누리꾼이 인터넷에 올라온 아니사마가 만든 미쿠의 창작 3D 모델 파일을 블렌더로 불러들여서 보컬로이드 오리지널의 프로모션 비디오를 만들고 있었다. 그러나 '블렌더가 쓰기 너무 어렵다'고 느낀 유구치는 누구나 쉽게 쓰기 쉬운 3D 애니메이션 제작 도구를 목표로 2007년 세밑에 개발을 시작해 2008년 2월 4일, 미쿠미쿠댄스(MikuMikuDance, MMD)를 공개했다(岡田有花, 2008.3.10).

MMD는 애니메이션의 모델링과 카메라 움직임, 표정을 표현할 수 있을 뿐만이 아니라, 미리 만든 소리에 맞춰 입술을 움직이면서도 모든 기능이 인텔 펜티엄 3 수준의 저사양 컴퓨터에서도 안정적으로 실행된다는 점에서 당시의 기술 수준을 추월한 오버스펙 3D 애니메이션 기술로 평가되고 있다. 이러한 인류에 대한 기여에도 불구하고 개발자는 후원과 기술 판매 등을 거부하고 익명으로 남았다.

MMD의 주요 업데이트는 2011년에 중단되었지만, 2019년에 최종 업데이트가 나왔으며, 2020년대에도 MMD를 활용한 3D 애니메이션 기술 개발 연구가 이어지고 있다(Wang et al., 2024). 더 나아가 MMD는 주로 2D인 애니메이션 캐릭터와 현재의 버추얼 라이버들이 즐겨 쓰는 데포르메화된 3D 애니메이션 사이의 시각적 간극을 해소하는 역할을 했다는 점에서 가상 정체성의 가시화에도 공이 크다.

참고문헌

岡田有花(2008.3.10). "'神ツール'－初音ミク踊らせるソフト〈MikuMikuDance〉大人気". 《IT Media News》. https://www.itmedia.co.jp/news/articles/0803/10/news020.html

剣持秀紀·大下隼人(2007). "歌声合成システムVOCALOID". 《情報処理学会研究報告》, 2007(102), pp.25～28.

剣持秀紀·大下隼人(2008). "歌声合成システムVOCALOID: 現状と課題". 《情報処理学会研究報告》, 2008(12), pp.51～56.

Michel, P. S.(2014.11.11). The making of Vocaloid. Red Bull Music Academy. https://daily.redbullmusicacademy.com/2014/11/vocaloid-feature

Wang, Z. et al.(2024). DanceCamera3D: 3D camera movement synthesis with music and dance. In *Proceedings of the IEEE/CVF Conference on Computer Vision and Pattern Recognition(CVPR)*, pp.7892～7901. doi:10.48550/arXiv.2403.13667

04
BJ와 라이버

현재의 버추얼 라이버 방송 스타일은 무에서 튀어나온 것이 아니라 2000년대부터 윈앰프 샤우트캐스트, 아프리카TV(현 숲), 트위치로 이어져 온 한국의 온라인 방송 스타일에 가장 큰 영향을 받았다고 할 수 있다. 그러나 재화를 버는 것을 목표로 하는 온라인 방송 문화의 여러 문제는 결국 버추얼 라이브 환경에서도 그대로 재현되고 있다.

AI와 사주?

CJ에서 BJ까지

인터넷을 통한 방송의 역사는 1999년대 초로 거슬러 올라간다. 광회선 인터넷이 보급되기 시작하면서 동영상 스트리밍 프로토콜이 본격적으로 활용된 데에 이어, 사이버 붐도 인터넷 방송국의 수를 늘리는 데에 기여했다. 2000년대에는 약 80개의 전용 방송국이 있었던 것으로 보인다(이은미 · 이동훈, 2000).

그러나 이 시기 더 큰 반향을 일으킨 것은 음악 플레이어 윈앰프(Winamp)를 활용한 실시간 방송이었다. 이 방송은 음악을 선곡하고 시청자와 대화하는 사이버 자키, 즉 CJ들에 의해 굴러갔다. 윈앰프 샤우트캐스트 자체는 단방향 방송이었지만 IRC 등의 채팅 프로토콜을 통한 실시간 피드백이 가능해 기존의 '인터넷 방송국'과 차별된 경험을 제공했다.

그러나 2002년 8월 윈앰프 3 버전이 공개되면서 윈앰프가 가지고 있던 사용자 경험이 깨지기 시작했고, 후속 버전 윈앰프 5도 사용자의 마음을 잡지 못했다. 2003년부터는 P2P에 대한 단속이 시작되면서 인터넷 방송의 수요 또한 사라져 가는 듯했다.

그러던 2004년 10월, 유튜브보다 앞서 판도라TV가 론칭되고, 2005년에는 엠군, 2006년도에는 엠엔캐스트 등 다양한 동영상 사이트가 UCC(user-created contents) 사이트를 표방하며 활동을 시작했다(오병민, 2006). 이들 사이트는 웹 2.0의 적극적인 실천으로 알려지며 한때 한국 누리꾼들의 인기를 끌었다.

2006년에는 아프리카TV가 라이브 스트리밍 서비스를 시작해 인터넷을 통한 실시간 동영상 방송이라는 돌파구가 마련되었다(권재웅, 2007). 특히 아프리카TV를 통해 많은 사람이 적은 준비만으로 인터넷 방송을 진행할 수 있게 되면서 인터넷을 통해서 자신을 보여 주고자 하는 사람들이 늘어나기 시작했다.

개국 시기의 아프리카TV는 방송 운영에서 여러 가지 재미있는 특징을 지녔다. 기술상의 문제로 인해 스트리머가 직접 운영하는 방에 20명, 많아 봤자 50명만이 들어올 수 있었기 때문에, 원래 방에 있던 사람들이 또 다른 방을 파서 방송 내용을 중계하는 이른바 중계방 제도가 유행했다. 또한 추천 버튼이 있어서 시청자들의 추천 활동을 통해 실시간 방송 순위가 정해지는 구조였다.

따라서 아프리카TV에서 실시간 방송을 진행하는 주체는 방장으로 불렸으며, 이것이 나중에 BJ가 되었다. 특히 아프리카TV는 방송 콘텐츠에 대한 시청자 후원을 통해 크리에이터에게 정산금을 제공하는 별풍선 제도를 통해 싸이월드 꾸미기와 함께 한국인의 인터넷 이용에 큰 영향을 끼치게 된다.

팟캐스트부터 트위치까지

한편, 2000년대 초반 미국에서는 애플이 MP3 파일을 XML 피드를 통해 공급하는 팟캐스트(podcast)를 서비스에 포함하면서 팟캐스트가 인기를 끌기 시작했다. 팟캐스트는 인터넷 비용과 녹음 비용만으로 제작 · 배포할 수 있어 저비용 고효율 구조로 인기를 끌었으나, 단방향 서비스라는 한계가 있다. 그러나 출퇴근 시간 등에 활용이 가능한 쇼트폼(short-form) 콘텐츠라는 점에서 현재도 팟캐스트는 전 세계적으로 그 위상을 떨치고 있다.

한편, 2005년 2월 유튜브(Youtube)가 론칭된 이후 2006년 구글에 인수되면서 유튜브는 국제적 동영상 플랫폼으로 성장했다. 그러나 한국의 앞선 서비스 정착과 달리 라이브 스트리밍 기능은 2011년 4월에나 시작되었으며, 초기에는 서비스 품질 문제가 잇달기도 했다. 그러다가 2016년 2월 시작된 채널 구독 서비스, 2017년 도입된 슈퍼챗 등으로 한국의 실시간 동영상 기능을 점차 흡수했다. 2020년부터는 실시간 동영상의 요구와 필요성이 크게 높아지면서 수수료 30%, 유튜브 프리미엄 강요라는 단점에도 주요 동영상 서비스로 자리 잡았다.

한편, 유튜브 맞은편에는 한국 라이브 서비스의 장점을 그대로 흡수한 트위치가 있다. 2011년 6월 론칭된 트위치는 2014년 8월 아마존에 인수된 이후로 국내 구독·후원 제도를 그대로 가져오며 북미권에 정착했다. 아프리카 대도서관 사태 직후 국내 크리에이터들이 이전하자 국내에도 2017년 지사를 설치했으며, 코로나 시기 더더욱 발전했다.

그러나 트위치는 통신 3사의 과도한 인터넷 망 사용료 징수를 이유로 2023년 12월 6일 한국 서비스 종료를 발표하고, 2024년 2월 27일 공식적으로 서비스를 종료했다. 이로 인해 많은 크리에이터는 트위치를 떠나 네이버가 2024년 12월 19일 론칭한 치지직과 유튜브, 그리고 아프리카TV에서 이름을 바꾼 숲으로 이전하게 되었다.

먹방, 룰렛, 영도

한국에서 발전한 라이브 방송(라방)의 주요 유형으로는 일반적인 채팅 읽기와 반응을 통해 제한적인 실시간 소통을 하는 저스트 채팅(저챗)과 게임 실황 방송(길혜빈·김소영, 2021), OGN의 예능 〈켠김에 왕까지〉에서 유래한 '켠왕' 등이 알려져 있다.

그러나 라이브 방송 유형 중 가장 유명해진 것은 옥스퍼드 영어사전에 'Mukbang'으로도 등재된 먹방이다. 일반적인 식사량보다 수 배에 이르는 음식을 다 먹는 것이 주요 내용인 먹방은 인터넷 방송의 시장 확대에 크게 기여했다. 하지만 먹방이 시청자의 사회적 애착 형성과 동일시를 통해 폭식을 자극하고(안순태 외, 2020), 오히려 한국 사회의 외모 규범을 시청자가 내면화하는 기제로 작용하고 있다는 지적도(문영은 외, 2017) 있다.

최근에는 일정 금액을 내고 사용자가 룰렛을 돌리면 확률에 따라 벌칙이나 방송 시간 추가를 부과하거나, 영상 기부(영도)에서 '변화구'를 써 가며 라이버가 싫어하는 영상을 어떻게든 틀어 라이버를 괴롭히는 모습 또한 자주 볼 수 있다. 이러한 방송 또한 소비자의 대리 만족을 불러일으키지만, 이와 동시에 크리에이터에게는 스트레스와 괴롭힘이 될 수 있다.

일본의 실시간 동영상 서비스

한편, 버튜버 문화 자체는 일본에서 들어왔기에 일본의 유사 사례를 짚을 필요가 있다. 일본 최초의 동영상 라이브 방송 서비스는 쇼룸(SHOWROOM)으로, 현재는 위버스처럼 연예인 특화 서비스를 제공하고 있으며, 그 이외

에도 트위캐스(Twitcasting), 포코챠(Pococha)와 컬러싱(ColorSing), 후왓치(ふわっち) 등이 있다. 국내와 달리 세로 모드, 모바일 전용으로 운영되고 있다.

일본 라이브 서비스는 한국과 달리 철저한 등급화, 경쟁을 통해 수익을 낸다. 시청 시간과 출석, 보낸 코인이나 아이템 가격에 따라 레벨업하는 제도를 두고 있으며 해당 레벨은 매 순(10일) · 월마다 리셋되어 지속적으로 높은 평가를 얻기 위해 소비자가 장시간 시청하거나 재화를 소비하도록 유도한다.

라이버도 높은 등급으로 올라가거나 등급을 유지할 때 사용자로부터의 도네이션과 등급이 필요하다. 따라서 라이버들도 청취자들이 더 많은 코인을 던지도록 유도하라는 보이지 않는 압력을 받게 된다.

그럼에도 이벤트에서 순위권에 든 사람에게 무료 광고의 기회를 주는 등 보상이 제공되고 있어서 애플리케이션을 방송 · 시청하는 사람들이 끊이지 않는다. 한편, 이 시스템을 따라 싱가포르에서 2016년 비고 라이브(BIGO LIVE)가 론칭되었다.

인터넷 방송의 한계

현재까지 살펴본 인터넷 방송의 발전상은 과거에는 상

상할 수 없던 것이다. 그러나 인터넷 방송의 경우 표현의 자유를 극단화하면서도, 누구나 방송할 수 있는 데다가 여과 장치가 부재하다는 점에서(길혜빈 · 김소영, 2021) 부작용 또한 존재한다.

첫째로 회사의 비윤리성과 관련된 구조적인 문제들이 있다. 2016년 10월 아프리카TV가 사전에 추가 비용을 내지 않고 광고 방송을 했다며 정산 의사가 당연히 있었음에도 일방적으로 대도서관 · 윰댕을 차단한 사건이 대표적 사례다. 이후 인터넷에서 아프리카TV의 부당성에 대한 성토가 이뤄지던 중 유튜브 동시 송출 금지 요구를 받은 똘킹이 이탈한 것을 시점으로 다수의 크리에이터들이 아프리카TV를 빠져나갔다. 트위치 코리아에서 허위의 사건을 꾸며 내어 릴카와 뜨뜨뜨뜨를 영구 차단했던 사건도 잘 알려져 있다.

한편, 방송을 내보내는 쪽에서 문제가 발생하는 경우도 있다. 가장 유명한 사례로 지하철에 올라타 라면을 먹거나, 실내 낚시터 수조에 들어가거나, 타 라이버 방송에서 팬들이 댓글 테러를 하는 등 기상천외한 모습을 보여 조회 수를 올리고, 팬덤의 지지를 통해 인정받는 사례들이 다수 발생하여 왔다(채성욱 · 송혜지, 2022). 또한 방송 도중의 극단적인 선택, 소위 '엑셀 방송'과 여캠 방송

(고윤경, 2024), 욕설 방송, 혐오 발언, 다량 재화 후원 유도(김종무, 2019; 박성렬 · 송수진, 2018)로 인한 문제도 상존하고 있다.

그러나 20년 넘게 쌓여 온 인터넷 방송의 대화 · 소통 노하우는 결국 버튜버 방송으로 그대로 이식되어 현재도 활용되고 있으며 인터넷 방송인들로 구성된 아이돌 QWER 같은 추가적인 콘텐츠 시도도 이뤄지고 있다는 점에서(김기창 외, 2025) 이들의 역사와 문화 또한 존중받아야 마땅하다. 한국의 선구적이고 독특한 인터넷 방송 문화는 향후 인공지능을 통한 실시간 방송이 이뤄진다고 하더라도 인류의 역사에 길이 남을 것이다. 아울러 출간 직전 숨진 대도서관의 안식을 기원한다.

참고문헌

고윤경(2024). "여성화된 디지털 노동의 구성: 젠더화된 디지털 노동 분석을 위한 탐색적 연구". 《페미니즘 연구》, 24(2), 275~311쪽.

권재웅(2007). "웹2.0의 가능성과 한계: 방송콘텐츠로서의 동영상 UCC를 중심으로". 《방송문화연구》, 19(1), 75~102쪽.

길혜빈·김소영(2021). "유튜브 1인 게임 방송의 집단 스토리텔링: 〈대도서관 TV(buzzbean11)〉 채널의 시청자 참여형 콘텐츠를 중심으로". 《대중서사연구》, 27(2), 107~142쪽.

김기창 외(2025). "온라인 콘텐츠 크리에이터의 음악산업장(場)으로의 전환: 걸밴드 QWER 사례를 중심으로”. 《문화경제연구》, 28(1), 131~172쪽.
김종무(2019). “아프리카 TV 보이는 라디오 방송 BJ 속성과 몰입 요인이 별풍선 제공 의사에 미치는 영향”. 《커뮤니케이션디자인학연구》, 68, 388~397쪽.
문영은 외(2017). ““내가 좋아하는 먹방 BJ는요…”: 먹방 시청 경험에 대한 해석적 연구”. 《언론과 사회》, 25(2), 58~101쪽.
박성렬·송수진(2018). ““별풍선을 왜 쏠까?” 인터랙티브 미디어 ‘아프리카TV’ 사례로 본 사이버 머니 소비 동기에 관한 연구”. 《소비문화연구》, 21(1), 1~20쪽.
안순태 외(2020). “온라인 먹방(먹는 방송, Mukbang)의 댓글 연구”. 《한국언론학보》, 64(2), 269~310쪽.
오병민(2006). “판도라TV vs 엠군: 동영상 UCC도 개성시대…특화 서비스로 차별화 모색”. 《디지털콘텐츠》, (160), 84~86쪽.
이은미·이동훈 (2000). 인터넷방송 콘텐츠 연구: 편성분석을 중심으로. 《방송통신연구》, (50), 299~330쪽.
채성욱·송혜지(2022). “인터넷 개인 방송 진행자들의 일탈 방송의도에 영향을 미치는 요인: 시청자의 사회적 압력 관점에서”. 《지식경영연구》, 23(2), 169~192쪽.

05
가상 인간과 버튜버

버추얼 라이버와 가상 인간은 지금까지 살펴본 역사적 발전에 의한 산물이다. 2017년 기즈나 아이가 올린 '동영상'이 인기를 끌면서 시작된 버추얼 라이버 붐은 코로나 시기가 지난 지금도 기술의 발전과 함께 계속되고 있다. 이 장에서는 가상 인간 초기사와 함께 성공의 이유를 짚고, 버추얼 유튜버의 국내 역사를 중심으로 살펴보고자 한다.

AI와 아이돌?

새로운 가상 인간의 시작

사이버 가수 붐 이후 2000년대까지, 가상 인간을 만드는 원천 기술인 3D 애니메이션 기술에 대한 관심은 크게 사그라든다. 이 시기 3D 애니메이션은 픽사(PIXAR) 등의 애니메이션 작품이나 영화용 CG(컴퓨터 그래픽) 기술을 통해 발전해 왔다. 그러나 인간을 실시간으로 대체하는 모션 캡처 애니메이션 기술에 대한 관심은 아직까지 높지 않던 상황이었다.

그러던 2011년 6월, 야마토 아미(Ami Yamato)가 유튜브 채널에 첫 브이로그(Vlog) 동영상을 올렸다. 현실 배경에 3D 캐릭터를 뒤집어씌우며 자신을 비현실화하는 독특한 애니메이션 접근을 펼친 야마토는 최근에도 활동을 이어 가고 있으며, 지금도 시대를 앞선 증강 현실 사례로 기록된다.

2012년에는 일본 웨더뉴스가 '웨더로이드 아이리'(CV: 야마자시 아이리)를 론칭했다. 3D 모션 캡처를 이용한 애니메이션 동영상은 이듬해에는 라이브 스튜디오 방송으로 발전했고, 더 나아가 2014년부터는 아이리의 방송이 정규 프로그램이 되어 현재까지 매주 실시간 방송을 진행하고 있다.

첫 버튜버, 기즈나 아이

그러나 최초의 '버추얼 유튜버'는 2016년 12월 론칭된 기즈나 아이(キズナアイ)라는 것이 정설이다. 이런 합의가 가능한 이유는 기즈나 아이가 '버추얼 유튜버'라는 말뿐만이 아니라 버추얼 라이버의 존재 방식을 결정하는 데에 큰 역할을 했기 때문이다.

기즈나 아이는 사이버 가수들의 '가상 인간' 콘셉트를 계승했으나, 빼어난 3D 렌더링 기술로 구현한 이미지로 과거의 가상 인간의 한계를 뛰어넘었다. 곧 실시간 방송도 열어 활기차고 밝은 모습으로 시청자들과 소통했다(Vita et al., 2023). 기즈나 아이의 동영상은 이후 유튜브를 통해 대한민국을 포함한 해외에도 곧바로 알려졌다. 심지어 기즈나가 방송 중 욕설한 사건 또한 시청자에게 호응을 얻었을 뿐 아니라 밈 문화를 통해 확산돼 해외 팬의 증가에 큰 영향을 주었다(広田稔, 2024, p.19).

또한 기즈나의 성공을 따라가는 도전자가 늘어나, 2017년 즈음에는 전뇌소녀 시로(電脳少女シロ), 미라이 아카리(ミライアカリ), 가구야 루나(輝夜月) 등의 후속 주자를 포함해 '버추얼 유튜버 사천왕'이 형성된다(広田稔, 2024, p.17). 한편, 2018년 3월에 일본 버튜버의 수가 1천 명을 넘었던 것이, 그해 말에는 6천 명을 넘었다고

한다(広田稔, 2024, p.21).

버튜버와 클리퍼

버추얼 라이버가 성공할 수 있었던 바탕에는 무엇보다 콘텐츠의 2차 확산이 있었다. 케이팝의 경우 홈마스터의 활동이 영향을 미쳤다면, 버튜버의 경우에는 클리퍼(clipper, 切り抜き)가 그 자리를 차지한다.

클리퍼들은 합성물을 제작하듯 버추얼 유튜버의 방송 중 일부를 짧은 동영상으로 편집해서 유튜브 동영상으로 재업로드하는 일을 자원했다. 특히 한국 버튜버 문화 초기 클리퍼들은 샤이릴리(Shylily)나 홀로라이브 소속 버튜버 등 한국인이 모를 법한 버튜버의 방송을 한국어로 번역해 버튜버 문화를 알리는 큰 역할을 했다.

그러나 최근 국내 주요 버튜버들이 인터넷 방송 관습을 따라 편집자를 두고 동영상을 올리면서 클리퍼의 개입을 거절하게 되었다. 따라서 현재 국내 클리퍼들은 주로 영어권, 일본어권 버튜버를 중심으로 활동하고 있다.

한국에서의 버튜버 발전사

기타 해외의 버튜버 역사도 많지만, 지면상의 이유로 한국의 가상 라이브 역사를 주로 살피고자 한다.

기즈나 아이가 알려진 이후 국내에도 몇 명의 버튜버가 등장했고, 초기 버튜버로는 임시하와 대월향이 살아남아 있다. 2018년에는 게임사 스마일게이트가 세아스토리를 론칭했고, 2019년부터는 니지산지도 KR(대한민국) 라이버를 고용해 한국 공략을 시작했다.

그러나 버튜버가 본격적으로 수면 위로 올라온 것은 코로나19로 인해 인터넷 라이브 수요가 크게 늘어난 때부터다. 이때부터 러끼와 유콘과 같은 인터넷 방송인들도 점차 버추얼 라이버로 분류되기 시작한다.

특히 국내에서는 2021년이 버튜버 문화의 시점이라 할 수 있다. 우선 이해에 론칭된 이세계 아이돌이 버추얼 라이버에 대한 관심을 높였다. 오리고기와 허니츄러스가 열심히 클리퍼 활동을 한 것이나 서유리 성우가 버튜버 로나로나땅을 론칭한 것도 인터넷 방송 · 유튜브 시청자들이 버튜버의 개념을 아는 데에 큰 도움이 됐다.

2022년 3월 향아치가 활동을 시작한 지 한 달 반 후에 니지산지 KR이 한국 사업을 철수한다. 비슷한 시기 일본에서 버튜버 사업을 전개했던 강지가 한국으로 건너와 스텔라이브를 론칭했다. 하반기에는 카카오엔터테인먼트도 여성 버추얼 아이돌 '소녀 리버스'를 시도했다. 12월에는 국내 버튜버 전문 기업 스콘이 이오몽의 데뷔와 함께 버튜버 크루 미츄(meechu)를 론칭하면서 국내 최초의 버튜버 크루가 되었다.

2023년에는 대월향이 스콘과 함께 버튜버 그룹 블루점프를 론칭하는 사이, 남성 버추얼 아이돌 플레이브가 데뷔하면서 버추얼 라이버의 대중화를 가속화한다. 같은 해 허니츄러스가 버튜버로 전환한 이후 2024년에 다른 5명의 버튜버(아야, 디디디용, 담유이, 오화요, 망내)와 함께 가상 아이돌 '허니즈'로 데뷔하였다. 이때 오리고기도 같은 회사로 입사한다.

2024년 말에는 2022년 결성된 스타데이즈와 러브다이아가 오버더월로 재편됐다. 한편 이세계 아이돌이 소속된 왁타버스는 2025년 노동 착취가 폭로되고 '왁제이맥스' 저작권 침해 사건이 터진 이후 해당 대표가 7월에 사과문을 냈음에도, 대표작 〈리와인드〉가 저작권 침해로 차단되고, 확장 프로그램을 통한 개인 정보 불법 취득 논란이 터지는 등 각종 논란이 더욱 깊어져 가고 있다. 같은 달에는 스텔라이브가 일본 브레이브 그룹에 합류하는 등 현재도 업계의 변화가 계속되고 있다.

'개인세'의 시대로

지금까지의 버튜버 역사가 기업을 중심으로 쓰여 왔으

나, 기업을 통한 버튜버 활동이 모든 크리에이터에게 편한 것만은 아니다. 실제로 이른바 '대기업' 소속 버추얼 라이버들을 중심으로 과도한 경쟁으로 인한 번아웃, 직장 내 괴롭힘 등의 ESG 리스크가 보고된 바 있다(Fazora et al., 2024).

이러한 점 때문에 이미 2020년대 초반부터 기업과 제휴하지 않은 개인 버튜버(이른바 '개인세')의 수가 늘어나고 있으며, 기업 버튜버들도 탈퇴하거나 '재취업'하는 경우가 늘어나고 있다. 예를 들어 최근 홀로라이브 영어권 소속이었던 아멜리아 왓슨과 가우르 구라가 계약을 정리하고 개인세로 '부활'하여 활동하고 있다. 마찬가지로 기즈나 아이(주)의 2호기였던 '아이짱'도 2024년 '퇴사'하여 개인세로서 활동하고 있다.

2025년 현재의 국내 버추얼 라이버 시장은 회사 소속 버튜버와 개인 버튜버가 공존하는 상태로 이행하고 있으며, 마인크래프트 서버, 음악 콘테스트 등 각종 이벤트를 통한 버튜버 간의 교류도 크게 늘어나고 있다. 또한 개인 버튜버 향아치가 2024년 SM브랜딩마케팅과 함께 홍대 AK플라자 1층에서 팝업스토어 '석어당에서 온 초대장'을 진행하고, 각종 공공 기관과 협력 활동을 하고 있듯이 '개인세' 버튜버도 역량에 따라 얼마든지 기업 소속과 동일한 수준의 활동이 가능해졌다.

버튜버 문화가 인공지능 라이버라는 새로운 기술의 테스트베드가 된 사실도 부정할 수 없다. 이제 버튜버는 한국 문화 산업에서 빼놓을 수 없는 플레이어가 되었기에, 그에 따르는 정책적 · 산업적 관심도 또한 높아져야 할 것이다.

참고문헌

広田稔(2024). "VTuberの歴史". 岡本健 외 편, 《VTuber学》, pp.13~38. 岩波書店.

Fazora, V. A. et al.(2024). Sustainability analysis and strategy to increase company value. *Jurnal Ilmiah Manajejmen Kesatuan, 12*(5), pp.2033~2043.

Vita, N. I. et al.(2023). Ai public relations: The early rise of Kizuna AI. *Jurnal Studi Komunikasi, 7*(2), pp.417~429.

06
가상화된 인간은 누구인가

'가상화된 인간이 선호되는 이유'는 '인간이 가상 정체성을 선호할 뿐만이 아니라, 적극적으로 이를 향유하는 이유는 무엇일까'라는 질문으로 확장될 수 있다. 가상 정체성은 데포르메화된 형상을 통해 잘 구현될 수 있지만, 그렇다고 해서 캐릭터나 3D 이미지의 구현을 반드시 요구하는 것은 아니다. 그렇기에 버추얼 라이브 업계에서 요구하는 탈현실화는 가상 정체성을 가진 인간을 특징짓는 필연적 요소가 될 수 없다.

AI와 야구?

데포르메화된 인간

버추얼 라이버들은 가상 인간과 비슷하게 인간의 얼굴로 시청자를 맞는다. 그러나 일부 예외를 제외하면, 버튜버 대다수는 만화의 그림체로 그려져 있다.

왜 이런 그림체를 지향하는 것일까? 여러 가지 대답이 가능하다. 첫 번째로 버튜버들이 대상으로 하는 주요 타깃이 일본 만화-애니메이션 시청자층이다. 소위 '오타쿠'로 호칭되는 웹 컬처 유저들은 충성적인 소비로 유명하다. 야노경제연구소의 조사에 따르면, 한류나 게임 시장, 해외 시장, 라이브 방송 시장 등을 빼고도 2024년도 일본 내 '오타쿠' 시장 규모가 1조 엔이 넘었다(日本經濟新聞, 2025.2.5).

만화-애니메이션 소비층은 각자의 취향에 맞는 캐릭터를 좋아하며, 캐릭터와의 동일화를 추구해 왔다, 따라서 '캐릭터'와 동일한 시각성을 갖춘 존재와 '대화'할 수 있는 버튜버를 더욱 쉽게 소비할 수밖에 없다.

한편으로, 애니메이션화된 그림에 대한 심리학적 설명들이 있다. 우선 인류가 아이와 비슷한 모습을 귀엽게 보도록 진화론적 발전이 이뤄져 왔다는 베이비 스키마(baby schema) 이론이 있다(Kawaguchi & Waller, 2024). 실제로 같은 유형의 그림이더라도 베이비 스키마

여부에 따라 인식상 차이가 있다는 근거가 있다(Ohno & Tanaka, 2020). 문화적 차이(Lieber-Milo et al., 2025)를 감안하더라도 버튜버 캐릭터가 친근하게 받아들여질 수 있는 것이다.

그러나 인류는 베이비 스키마와 무관한 이미지에서도 귀여움을 느낀다(Nittono & Hihara, 2017). 따라서 더욱 통합적인 설명은 데포르메와 불쾌한 골짜기라는 현상을 통해 가능하다.

데포르메는 시각적 현상을 단순화하여 해체하는 화법으로, 특히 캐릭터 등을 그릴 때 주로 활용된다(藤堂英樹, 2018). 한편, 이미지가 인간과 비슷할수록 호감이 발생한다는 통념과 달리, 일정 수준에서는 불쾌감을 불러일으키는데, 이를 불쾌한 골짜기(不気味の谷, uncanny valley)라고 한다(윤은호, 2024).

또한 이러한 데포르메는 아니메 성우의 목소리와 같이 음성 차원에서도 적용된다(畠山真一, 2019). 데포르메화된 인간은 인간이면서 동시에 인간의 모습과는 거리가 멀어진 상태가 된다. 그 이미지를 통해 시청자들은 버튜버에 호감을 느낄 뿐 아니라, 이들과 상호작용과 소통을 더욱 쉽게 할 수 있을 듯한 느낌을 갖게 된다.

가상 정체성

그럼 버추얼 라이버의 존재를 특별하게 만드는 것은 무엇일까? 이를 '목소리'로 보는 의견도 있으나(유운기, 2023), 데포르메된 신체를 가지고 있으면서도 목소리를 내지 않는 퍼슈터, 기구루미(着ぐるみ), 일부 거리 공연자(大道芸)를 생각하면, 목소리만으로는 이를 설명하기 어렵다.

따라서 이 책에서는 (버추얼) 라이버를 포함한 다수의 현대인이 가진 가상 정체성을 그 대안으로 제안하고자 한다. 원래 가상 정체성은 가상 공간에서 유저들이 아바타를 보고 조작하면서 발생하는 정체성에 한정된 말이었으나(Nagy & Koles, 2014), 현재는 가상 공간의 편만화로 인해 인류세 전반에서 다른 이름으로 수행하는 정체성을 뜻하는 말로 확장되었다(Kasza, 2017, p.46). 이러한 활동은 게임, 특히 코스프레 등의 웹 컬처뿐만이 아니라 인터넷 활동 전반으로도 확장되고 있다.

따라서 이 책에서의 가상 정체성 개념은 인터넷에서 사용하는 닉네임, 버튜버의 '이름' 이외에도 작가명이나 활동가의 '활동명' 등을 모두 망라하는 것이다.

파란 약, 매트릭스

그럼 어쩌다가 버추얼 유튜버는 가상 인간을 자처하는 데다가 비-인간이 되어 현실 공간으로부터 분리되어야 했을까? 이미 대다수가 자신의 가상 정체성을 가지고 있는 상황에서 차별화가 필요했기 때문은 아닐까. 기즈나 아이의 제작사가 이러한 노선을 선택한 계기도 결국은 이러한 설정이 없다면 일본 인터넷 방송과의 차별성을 내기 어렵다는 위기의식 때문이었을 것이다.

또한 버튜버가 캐릭터화된 것 또한 아니메 팬들이 버튜버에 쉽게 발을 들이게 된 계기가 된 것 같다(Chen & Hu, 2024, pp.4~5). 따라서 시청자는 버튜버라는 '더 나은' 캐릭터를 지켜보며, 가끔씩 소통하고 후원하기도 하면서 함께한다는 환상을 누리게 된다.

버추얼 라이브계에서는 버튜버가 가상의 존재로 남아 있기를 바라는 유저의 욕구를 파란 약이라고 부른다. 이 단어는 〈매트릭스〉(1999~2023)에서 빨간 약(red pill)과 함께 주인공에게 주어진, 가상 현실 속으로 다시 돌아갈 수 있는 약을 의미하는 말이다(Wei & Tyson, 2025). 최근 단어의 오용에도 불구하고, 이 단어는 캐릭터의 세계 속에 들어가고자 하는 팬덤의 욕망을 잘 설명하고 있다.

빨간 약

그러나 모든 사람이 이 '콘셉트'를 준수하는 것은 아니다. 예를 들어서 대한민국 방송에서 연예인의 부캐를 다룰 때, 부캐와 함께 본명을 밝히는 사례가 많다. 수행자인 버추얼 라이버도 방송을 하는 모든 순간 콘셉트를 지킬 수 없다 보니 자신의 기존 정체성을 섞는 상황이 발생한다(Wan & Lu, 2024).

그런데 이러한 혼용을 넘어 '안의 사람(中の人)'의 신원과 정체성이 드러나게 되는 상황을 버추얼 인터넷 방송에서는 '방송 사고'로 여길 뿐만이 아니라, 더 나아가 '빨간 약'으로 부른다.

이와 관련해 관심 있게 지켜볼 것은, 한국에서는 '빨간 약' 금기에 대한 준수 의식이 떨어진다는 점이다. 예를 들어 인챈트 엔터테인먼트 소속 스트리머 견자희는 2024년 버튜버로 전환했으나 동년 11월 진행된 인챈트 운동회에서 마스크를 착용하고 나타났다. 러끼는 2025년 자신이 신비주의적인 적이 없었다며 유튜브에 자신의 '빨간 약'을 공표했다.

또한 스트리머인 장마군은 평소 얼굴을 공개하고 방송하지만 캐릭터를 갖추고 버튜버들과 함께 활동하고 있으며, 최근에는 홍대에서 버튜버들이 만난 것을 실시간 음성 방송을 하고 나서 유튜브에 공개한 사례도 있다.

그럼에도 빨간 약에 대한 버튜버 시청자들의 금기 의식은 고전 시대 비의나 기밀에 대한 준수 의식에 못지않다. 하지만 한편으로는 빨간 약에 대한 정보를 알기 원하는 사람도 있다. 버튜버 안에 사람이 있다는 사실은 이처럼 사람들의 복잡한 심경과 함께 버튜버에 대한 적극적인 참여를 불러일으킨다.

참고문헌

유운기(2023). “버추얼 유튜버의 포스트휴먼 신체성”. 《만화애니메이션연구》, (72), 347～391쪽.

윤은호(2024). “애니메이션과 현실공간의 결합에 대한 연구”. 《일본학보》, (138), 311～332쪽.

日本経済新聞(2025.2.5.). “矢野経済研究所, 国内の‘オタク’市場に関する調査結果を発表”. https://www.nikkei.com/article/DGXZRSP686462_V00C25A2000000/

畠山真一(2019). “萌えアニメ作品における‘声’は何か”. 《尚絅大学研究紀要 A》, 51, pp.15～29.

藤堂英樹(2018). “2.5Dキャラクターの顔造形デフォルメ解析”. 《情報処理学会研究報告》, 2018-EC-47(11), pp.1～4. https://ipsj.ixsq.nii.ac.jp/record/186703/files/IPSJ-EC18047011.pdf

Chen, M. & Hu, R. J.(2024). The host in the shell: Constructing female identity in the embodied animated media. *New Media*

& Society, 27(6), pp.3429~3448.

Kasza, J.(2017). Post modern identity: "In between" real and virtual. *World Scientific News, 78*, pp.41~57.

Kawaguchi, Y. & Waller, B.M.(2024). Lorenz's classic 'baby schema': A useful biological concept?. *Proceedings of the Royal Society B, 291*(20240570), pp.1~10.

Lieber-Milo, S. et al.(2025). Cuteness in avatar design: A cross-cultural study on the influence of baby schema features and other visual characteristics. *AI & Society, 40*, pp.627~637.

Nagy, P. & Koles, B.(2014). The digital transformation of human identity: Towards a conceptual model of virtual identity in virtual worlds. *Convergence, 20*(3), pp.276~292.

Nittono, H. & Ihara, N.(2017). Psychophysiological responses to kawaii pictures with or without baby schema. *Sage Open, 7*(2). doi:10.1177/215824401770932

Ohno, A. & Tanaka, M.(2020). The Effect of kawaii on task performance: Viewing cute images without baby schema. *Kyushu University Psychological Research, 21*, pp.15~22.

Wan, Q. & Lu, Z.(2024). Investigating VTubing as a reconstruction of streamer self-presentation: Identity, performance, and gender. *Proceedings of the ACM on Human-Computer Interaction, 8*(CSCW1), pp.1~22.

Wei, Y. & Tyson, G.(2025). Virtual stars, real fans: Understanding the VTuber ecosystem. In *Proceedings of the ACM on Web Conference 2025*, pp.2352~2365.

07
졸업한 버튜버는 복제돼 돌아올까

버튜버를 그만두는 것을 '졸업'이라고 한다. 일본 아이돌 문화의 제도를 그대로 따른 것이다. 그러나 버튜버의 '졸업'은 캐릭터와 영혼이 다시 돌이킬 수 없는 작별을 하게 된다는 점에서 전혀 다른 의미를 지닌다. 그런데 결국 인공지능 기술이 쌓이면 수많은 시간 동안 원래 영혼이 시청자와 쌓아 온 실연을 바탕으로 '영혼'에서 분리된 인공지능 버튜버가 등장할 것이다. 가장 생산적이지만 가장 옳지 않은 방향이다.

AI와 윤동주?

졸업

'졸업'은 일본 아이돌에 정착된 시스템이지만, 그 원류는 최근 직장에 의한 체계적 괴롭힘이 밝혀진 다카라즈카 극단(宝塚劇団)이라고 한다. 다카라즈카 극단은 2년간 음악학교 본과를 마쳐야만 극단에 입단할 수 있는데, 초기에는 본과 졸업생을 연구생으로 학교에 계속 두어서, 퇴단과 졸업이 하나가 된 적이 있다. 이 때문에 현재도 극단원의 기수는 음악학교와 일치하며, 입사 경력을 '연구과 ○년'이라고 할 정도다.

이후 1971년부터 니혼TV(日本テレビ)계 방송국에서 방영된 〈스타 탄생!(スター誕生！)〉에서 챔피언 결정전을 통과한 동년생 세 명이 '꽃 트리오(花のトリオ)'로 묶였다가, 고3이 지나면서 트리오를 '졸업'하게 된 것도 아이돌 졸업 문화의 근거로 여겨진다(平山朝治, 2021).

그러나 마쓰다 세이코와 나카모리 아키나 등이 성인기에 여성 '아이돌'로서 활동하게 되자 졸업 개념은 사라졌다가, 1990년대 중반부터 점차 부활하기 시작한다. 이후 아키모토 야스시가 2005년 만든 AKB48 그룹은 졸업 개념을 제도화했다. 이들 그룹에서는 졸업을 통해 세대를 교체해 '젊음과 신선함'을 유지하면서도, 멤버들에게는 성장의 기회를 부여하고 있다(西条昇 외, 2016).

그런데 2000년대 중반부터 아이돌 캐릭터를 담은 애니메이션이 다수 등장하고, 이 캐릭터들과 성우들을 선호하는 아이돌 팬덤이 시작하면서 웹 컬처에도 AKB48를 비롯한 아이돌 문화가 점차 도입되게 되었다. 같은 시기 보컬로이드와 문화의 성행으로 인해 웹 컬처에서도 점차 크리에이터들의 활동이 늘어났으나, 〈러브라이브!〉 뮤즈의 무모한 해산이나 크리에이터들의 활동 중단 중에도 졸업이라는 표현은 사용된 적이 없다.

버추얼 라이버와 '졸업'

그런데 버튜버계에 '졸업' 개념이 스며들었다. 왜 이렇게 됐을까? 아마도 비슷한 시기 생겨난 지하 아이돌과 지역 아이돌(ローカルアイドル)이 AKB48의 시스템을 차용한 영향을 배제할 수 없다.

그러나 이러한 '졸업' 양태가 구체화된 때는 아무래도 '대형 기획사'가 버튜버들을 기수제로 선발하기 시작한 때부터라고밖에 볼 수 없다. 2010년대 후반만 해도 버추얼 라이브를 하기 위해 수많은 장비 비용이 들어갔다. 따라서 개인의 입장에서는 회사의 도움을 받는 것이 이득이었을 것이다. 기획사 입장에서도 버추얼 라이버를 아이돌처럼 만들어 대중적 인기를 끌고자 했을 것이다. 따라서 기존 일본 연예계 문법을 그대로 따라가는 것에 저항감이 없었을 것이다.

그러나 버추얼 라이버의 졸업은 기존의 엔터테인먼트계에서의 졸업과는 의미도, 파급 효과도 다르다. 캐릭터 이미지, 가상 정체성, 이를 수행하는 주체의 삼자 간 연결이 끊어진다, 아니, 차단되는 것이다. 이는 마치 죽음과도 같다고 볼 수 있다.

아이돌의 경우 졸업을 하더라도 해당 인물이 사라지거나 해당 인물의 후속 활동이 금지되는 것은 아니므로, 팬덤은 계속해서 이들을 좋아하거나 응원하는 활동을 지속할 수 있다. 그러나 버추얼 라이버의 캐릭터는 '영혼' 자신의 것이 아닌 이상 회사의 저작물이 된다. 따라서 버튜버의 '졸업'은 회사와 동등한 입장에서 자신의 인격에 대한 전속권을 부여하는 일반적인 엔터테이너 매니지먼트 계약과 달리, 회사가 저작한 버튜버 모델의 독점적 사용권을 부여받은 것을 해약하는, 법적 성질이 다른 행위가 된다.

기즈나 아이 등의 초기 버튜버들이 자신을 사람이 아닌 존재나 캐릭터로 규정한 것 또한 가상 정체성을 가진 사람의 존재를 숨겨야 한다는 암묵의 약속을 만드는 데에 기여했다. 대한민국의 경우 이세계 아이돌과 왁타버스 공동체가 끼친 영향도 크다.

이 때문에 버추얼 라이버들은 일부를 빼곤 외부 활동을 절대 하지 못하고 스크린에서만 '존재'할 수 있게 되었다. 소속사들도 촬영 장소를 영업 비밀로 지키고 있다. 더 나아가 버튜버의 핵심을 사전에 설정한 역할을 연기하는 것, 즉 RP(roll playing)로 정의하기도 한다. 자신의 활동을 '연기'로 만들어 버리는 것이다.

그렇다면 버튜버가 졸업하면 그 캐릭터는 어떻게 될까? 수행자가 죽으면 버추얼 라이버도 온전히 기억, 또는 데이터 속으로 사라지게 되는 걸까? 아니, 그조차도 허락되지 않는 것일까?

버튜버의 복제 가능성

이 질문에 대한 답을 2025년 복귀를 선언한 기즈나 아이에게서 찾아보자. 2019년 5월, 기즈나 아이는 원래 성우였던 아이짱에서 러브짱, 아이뻬, 그리고 아이까지 포함해 네 명으로 '증식'된다(쉬자오이 · 최원호, 2022). 기획사는 이를 통해 새로운 유저의 유입을 기획했던 것으로 보인다. 그러나 누리꾼들은 이 조치가 '1호기' 아이를 빼앗는다며 반발했다.

이 때문에 많은 시청자가 버추얼 아이돌을 수행자가

아닌 다른 사람이 연기하기 어려운 것으로 여기고 있다. 인격 자체를 완벽히 복제하는 기술은 존재하지 않기 때문이다. 하지만 최근 인공지능의 발전 속도를 생각하면, 기술 개발과 실용화가 역시 이뤄질 것으로 예측된다.

그 가능성을 최초로 제시한 것이 라디유 팀이 만든 라디안이다. 라디안은 라디유 등의 발화와 시청자의 채팅을 학습해 만들어졌다. 다시 말해, 라이버가 사용자들과 함께 구축한 장시간의 대화 내용이 인공지능 학습의 재료로 사용되고 있다는 것이다. 그 결과 라디안은 목소리뿐만이 아니라 3D 캐릭터를 움직이는 것까지 동시에 수행하고 있다.

그렇다면 인공지능을 활용한 버튜버의 수준은 향후 어디까지 향상될까? 개발 여부는 알 수 없으나 최소한 그 방향은 예측해 볼 수 있다. 첫째로 원래 버튜버의 목소리를 결합한 보이스 체인저나 AI 음성 합성을 생각할 수 있다. 또한 기존의 방송 내용을 분석한 결과를 바탕으로 인격에 대한 실시간 가이드라인도 가능해질 것이다. 이것만으로도 원래 사용자가 아닌 다른 사람으로의 '교체'가 가능해질 것이다.

둘째로 과거의 대화 내용과 연계된 대응이 가능해질 것이다. 최근 비달이 뉴로사마의 장 · 단기 기억 체계를 강화하는 개발을 한 적이 있다. 방송 데이터의 증가는 대형 언어 모델(LLM)의 정확도를 높이며, 따라서 곧 인공지능이 저격 동영상에 자동으로 반응해 사용자를 처벌하거나, 과거에 다른 버튜버와 했던 대화를 바탕으로 행동하는 패턴 또한 그 구현이 쉬워질 것이다.

궁극적으로는 동영상 단위의 인공지능 학습 기술의 개발이 예상된다. 현재 소라와 같은 동영상 생성 모델은 있지만, 동영상 자체를 학습해 소통하는 기술은 아직 개발되지 않았다. 그 단계까지 가면 더 자연스러운 소통이 가능해질 것이다.

추방으로서의 '졸업'

그러나 이러한 상황에 대해 이미 문제를 제기한 철학자가 있었다. "기술 복제 시대의 예술 작품"에서 베냐민은 카메라를 통한 연기자의 연기에 대해 지적한다. 그에 따르면, 기술을 사용한 연기의 복제는 기존의 예술 작품의 유일성이 자아내는 아우라를 근본적으로 파괴한다. 영화 속에서 배우의 정체성과 현존성은 필름이라는 미디어로 해체되며, 관객들은 배우가 없는 상태에서 자신의 시점이 아닌 기계 장치로 배우를 바라보면서 기계, 즉 촬영자의 관점에 이입하게 된다는 것이다(Benjamin, 1963).

이 개념에 따르면, 버추얼 라이버의 실시간 방송 또한 아우라가 있는 상태에 해당된다. 그리고 방송이 조각나 기계 학습 대상이 될 때, 버튜버의 인격과 아우라가 '있던' 방송은 '데이터'로 변한다. 라이버는 수많은 시간을 들인 자신의 노력과 대화의 가치로부터 이미 여러 겹으로 소외된 상태에서(쉬자오이 · 최원호, 2022) 기어코 '졸업'을 통해 추방되고, 이제는 〈은하철도 999〉의 메텔이 기계 몸을 얻으려다 별의 부품이 될 운명에 처하듯이 인공지능의 학습 재료로 분해되려 하고 있다.

'작별하지 않'으려면

소설가 한강은 자신의 소설 쓰기를 자신을 비워 내는 것으로 묘사한다(한강, 2023). 마찬가지로 버튜버는 자신의 방송을 통해 나의 가상 정체성, 또는 회사로부터 부여받은 정체성과 자신이 자각하는 RP에 동영상이라는 형태로 '숨(πνεῦμα)'을 불어넣고, 그만큼 자신을 비워 나간다(山野弘樹, 2024, pp.28~31).

그러나 기존의 문화 콘텐츠 비즈니스 모델에서 캐릭터와 실연자의 권리는 으레 회사의 소유로 강탈되어 왔다. 이러한 상황이 '버튜버 산업'에도 반복되면서 버튜버의 가상 정체성은 소속사의 소유물로 변하고, 또다시 데이터로 탈각된다.

버튜버의 방송을 보는 시청자들에게 버튜버는 생활에서 빼놓을 수 없는 동반자다. 이들의 관계가 회사의 결정에 의해 한순간에 파괴되는 순간, 버튜버만이 아닌 시청자 또한 정서적 충격을 받게 된다(Lee et al., 2025) 이런 버튜버와 시청자의 관계가 인공지능으로 쉽게 대체될 수 있다면, 환원될 수 없는 인간의 존재, 그리고 그가 결합되어 있는 가상 정체성의 중요성도 어느새 사라지고 말 것이다.

참고문헌

쉬자오이·최원호(2022). "브이튜버 성우의 소외 연구: 키즈나 아이를 중심으로". 《한국콘텐츠학회 종합학술대회 논문집》, 625~626쪽.

한강(2023). 《디 에센셜 한강》. 문학동네.

西条昇 외(2016). "アイドルが生息する'現実空間'と'仮想空間'の二重構造: 'キャラクター'と'偶像'の合致と乖離". 《江戸川大学概要》, 26, pp.199~258.

平山朝治(2021). "アイドルと卒業: 宝塚歌劇から松田聖子まで". 筑波大学. https://hdl.handle.net/2241/0002001528

山野弘樹(2024). 《VTuberの哲学》. 春秋社.

Benjamin, W.(1963). *Das kunstwerk im zeitalter seiner technischen reproduzierbarkeit.* Suhrkamp.

Lee, K.J. et al.(2025). Can't believe I'm crying over an anime girl: Public parasocial grieving and coping towards VTuber graduation and termination. In *Preceedings of CHI Conference on Human Factors in Computing Systems(CHI '25)*, pp.1~23. doi:10.48550/arXiv.2504.13421

08
VR챗이라는 대안

현재의 버추얼 라이버의 대안으로 VR챗을 들 수 있다. VR챗은 여타 메타버스와 동일한 높은 가상 현실도를 지니지만, 커뮤니티의 다양성과 높은 소통자유도를 통해 코로나 시기 이후에도 발전하고 있다. VR챗은 가상 정체성의 가능성을 확대할 뿐 아니라 이를 통해 개인의 존엄성을 증진하는 긍정적인 역할을 수행하고 있다.

AI와 한의학?

VR챗, 무엇이 다른가

버튜버 문화에 대한 대안으로 VR챗(VRChat)이 대두되는 이유는 VR챗의 기능과 '게임' 커뮤니티가 보여 주는 대안적인 소통 문화에 있다.

버추얼 라이버 대다수는 가상 정체성을 수행하지만, 그 정체성에 대한 전권을 행사할 수 있는 사람은 일부에 불과하다. 반면, VR챗에서는 자신과 이웃의 노력으로 자신이 원하는 바로 그 모습을 구현할 수 있다. 또한 아바타를 하나만 쓸 필요가 없어 자신이 원할 때 또 다른 사람이 될 수 있다. 특히 VR 기기를 착용하면 그 세계를 실감 있게 체험하고 즐길 수 있다는 사실이 VR챗의 사용자를 늘린 결정적 계기가 되었다.

VR챗에서 일어나는 커뮤니티 활동에 대한 연구 또한 활발히 진행되고 있다. 이러한 활동은 기존의 주요 메타버스로 언급되었던 세컨드라이프나 현재의 경쟁 서비스인 로블록스와도 다른 것으로 그 차이가 어디서 발생하는지 살펴볼 가치가 충분하다.

VR챗의 역사

VR챗은 2013년 이전, 그레이엄 게일러(Graham Gaylor)에 의해 밴더빌트 대학교에서 가상 현실 활용을 통한 학교 과제로 처음 만들어졌다. 이후 창업을 통해 2014년 1월 첫 버전이 나온 이래, 2017년에는 스팀에서 무료 배포되면서 많은 사람의 인기를 끌기 시작했다.

이후 신규 VR 기기 등을 점차적으로 지원하던 VR챗은 코로나 이후 급격히 접속자 수가 늘어나게 된다. 특히 2021년부터는 PC 버전 대신에 독립형 VR 버전의 사용자 수가 크게 늘어나, VR챗이 코로나19로 인한 사회적 격리를 해소하기 위한 도구로서 작용했음을 알 수 있다(バ-チャル美少女ねむ, 2025.1.14).

사회적 거리 두기를 오히려 기회로 삼은 VR챗은 이후 사용자 확대를 위해 2023년 8월에는 안드로이드 버전을 론칭하고 2024년 5월에는 iOS 비공개 베타를 시작하는 등 모바일 기기 내에서의 접속 경험도 구축하고 있다. 이러한 호응에 따라 VR챗 동시 접속자 수는 2019년 12월 10,167명에서(新保正悟, 2020) 2015년 1월에는 136,567명으로 5년 새 13배로 늘게 되었다(バ-チャル美少女ねむ, 2025.1.14).

VR챗의 특장

VR챗이 타 메타버스와 다른 점을 몇 가지 들자면, 첫째로 유저 접근성 증대를 들 수 있다. 직전의 주요 메타버스였던 세컨드라이프(SecondLife)는 VR 기기를 사용할 수 없었던 데다가 복잡한 콘트롤로 초보자의 적응·유입에 한계가 있었다. 그러나 VR챗은 사용법이 간편할 뿐 아니라 모바일, VR 환경 모두를 포함하는 범용 체계를 적극적으로 제공하고 있다.

또한 사용자의 안전을 우선시하는 여러 정책을 두고 있다. 예를 들어, 유저가 만드는 각각의 인스턴스에 대해 인스턴스 보유자가 공개도를 다섯 단계(공개, 친구의 친구, 친구, 초대 신청 가능, 완전 초대)로 나누어 설정할 수 있어서 사용자가 편안한 범위에서만 소통할 수 있다(新保正悟, 2020).

또한 사용자에 대한 평판 제도 또한 안전한 커뮤니티를 만드는 데에 기여한다. 특히 다른 사람들에게 불쾌한 욕설이나 괴롭힘을 시도할 때 곧바로 차단될 수 있으며, 이러한 차단이 반복될 때 평판 레벨이 낮아짐으로써 괴롭힘을 막아 주고 있다.

또한 인스턴트 생성을 위한 별도 프로그래밍 언어 우동(Udon)을 공개하고 있을 뿐 아니라, 아바타 또한 사용자가 만들 수 있도록 하여 자율도를 높이는 반면, 어셋 시장 또한 제공해 전문 창작자들이 VR챗을 통해 자신의 제품을 판매할 수 있도록 하고 있다.

대안적 커뮤니티

VR챗이 다른 버추얼 서비스에 비해 가지고 있는 가장 큰 장점은 타 서비스에 비해 세그멘트 커뮤니티를 통한 소통이 강력하다는 점에 있다.

VR챗에서는 퍼리 팬덤, '버미육'(Zhang & Juvrud, 2024), 농인과 무발화 당사자 커뮤니티(Chen et al., 2025), 자폐인(池上英子, 2017/2023)을 포함한 장애인(Bookman et al., 2024) 등 다양한 소수자 커뮤니티에 쉽게 접근할 수 있다. 또한 다양한 작품의 팬덤들 또한 별도의 인스턴스를 생성해 운영하기도 한다(Zampieron, 2024).

또한 버튜버들도 방송, 특히 시청자 참여 콘텐츠(시참)에 인스턴트를 활용하는 등 VR챗의 활용도는 나날이 커져 가고 있다.

VR챗을 통한 미래

VR챗과 버추얼 라이브를 비교해 보자. 버튜버는 제한된 소통과 자기 결정권을 갖지만, 가상 정체성을 궁극적으로 실현할 수 있다. 반면, VR챗에서는 아바타를 통해 가상 정체성, 즉 새로운 자아를 탐색할 수 있지만, 사용 중 괴롭힘과 소외 등을 경험할 가능성이 있다(Chen et al.,

2024; Ortiz, 2022).

그러나 VR챗을 이용하는 사람들은 자신들과 비슷한 사람들을 만나 쉽게 소통하거나, 소통 이니셔티브를 시도할 수 있다는 경험을 표현한다. 이들에게 VR챗은 다른 사람들과의 소통을 시도할 수 있는 거의 유일한 공간이다(Deighan et al., 2023).

또한 VR챗을 통해 확장 현실(eXtended reality, XR) 퍼포먼스를 실천하는 연주자 그룹이 있거나(Swillen et al., 2024) 저글링 아티스트가 있는 등 다양한 창작 활동도 이뤄지고 있다. 이는 제페토나 로블록스 등 타 서비스에서는 경험하기 어려운 경험들로, 앞으로 VR챗의 강점으로 남을 것이다.

참고문헌

池上英子(2017). 《ハイパーワールド》. NTT出版. 김경화 옮김(2023). 《자폐 스펙트럼과 하이퍼월드》. 눌민.

新保正悟(2020). “利用者調査から見た日本におけるVRChat利用のコミュニティと経済圏”. 《2019年度学生論文集》, pp.269~285.

バーチャル美少女ねむ(2025.1.14). “VRChat“スタンミ”ブーム後前年比30%増、同時アクセス13万人突破！”. note. https://note.com/nemchan_nel/n/n997dc7a3e03a

Bookman, M. et al.(2024). Putting virtual reality to disability activism: Co-creation and intersectional pedagogical usage in Japan. *The International Journal of Disability and Social Justice*, *4*(1), pp.10~33.

Chen, Q. et al.(2024). "I'd rather drink in VRChat": Understanding drinking in social virtual reality. In *Proceedings of CHI Conference on Human Factors in Computing Systems(CHI '24)*, pp.1~16.

Chen, Q. et al.(2025). Understanding "mutes" in social virtual reality. In *Proceedings of CHI Conference on Human Factors in Computing Systems(CHI '25)*, pp.1~17.

Deighan, M. T. et al.(2023). Social virtual reality as a mental health tool: How people use VRChat to support social connectedness and wellbeing. In *Proceedings of CHI '23: Proceedings of the 2023 CHI Conference on Human Factors in Computing Systems*, pp.1~13.

Ortiz, L.(2022). Risks of the metaverse: A vrchat study case. *The Journal of Intelligence, Conflict, and Warfare*, *5*(2), pp.53~128.

Swillen, A. et al.(2024). Breaking the fifth wall: On creating a sense of wonder with(in) mixed realities through XR performance, creative AI, and embodying virtual identities. An encounter in VRChat. *International Journal of Performance Arts and Digital Media*, *20*(1), pp.142~158.

Vogelgesang, A.(2024.2.15). Social VR platform design, user creativity and aesthetic governance. project immersive democracy. https://www.metaverse-forschung.de/en/2024/02/15/social-vr-platform-design-user-creativity-and-aesthetic-governance/

Zampieron, J. F.(2024). ¡Ei, yo tambien quiero un role! La agencia del design de las plataformas en la performance del "hacer parte" en Discord y VRChat. *Virtualis, 15*(28), pp.97~119.

Zhang, J. & Juvrud, J.(2024). Gender expression and gender identity in virtual reality: Avatars, role-adoption, and social interaction in VRChat. *Frontiers in Virtual Reality, 5.* doi:10.3389/frvir.2024.1305758

09
가상 인간과 사이버 폭력

가상 정체성을 가지고 살아가는 사람들은 자신의 신분과 떨어져 활동할 수 있기에 해방감을 느끼지만, 버튜버 문화는 동시에 시청자들로부터의 분리를 강요한다. 이러한 비가시화는 오히려 가상 정체성 인간의 감정 노동과 사이버 괴롭힘 등 부작용을 강화할 수 있다. 한편, 가상 정체성 인공지능의 경우 시청자와의 소통 속에서 극단적 · 폭력적 경향에 쉽게 물들 수 있다.

AI와 화장품?

가상 정체성, 탈출하다

철학자 레비나스(Emmanuel Levinas)는 저작들에서 얼굴의 중요성을 강조한다. 그에 따르면 모든 인간은 얼굴을 가진 타인을 부정할 수 없다. 그들의 얼굴 자체가 타인에 대한 주체의 의무를 상기하는 도구가 되기 때문이다.

그런데 버추얼 라이버에게는 '얼굴'이 없다. 그 대신에 이들은 자신이 투사한 이미지인 캐릭터를 통해 시청자들과 소통한다. 물론 버튜버도 모션 캡처로 눈 · 코 · 입을 움직인다. 또한 인터페이스를 조작하면 다양한 감정 표현도 할 수 있다. 그러나 버튜버의 '얼굴'은 언제라도 탈부착 · 교체가 가능하다는 점에서 실시간성이 있다 하더라도 '가면'의 연장에 불과하다.

3D 캐릭터라는 매개체를 통해서 버튜버는 기존의 라이버와 달리 일상생활에서 유리된, '얼굴'이 아닌 존재가 된다. 따라서 시청자는 목소리를 통해 알아차리거나 '사고'가 나지 않는 이상 수행자의 정체를 알 수 없다. 아니, 최근에는 목소리마저도 보이스 체인저를 통해 쉽게 바꿀 수 있게 되었다.

이러한 여러 장치 덕분에 버추얼 라이버들은 자신의 이름과 얼굴이라는 의무에서 탈출을 시도한다.

그러나 이들이 도망쳐 닿은 가상 공간은 청취자와 댓글로 소통이 가능하다고는 하나 엄연히 현실 공간과 '분리'된 곳이다. 방송 밖에서 트위터(X) 스페이스로 말을 걸 때도 있지만 사용자와의 직접적인 소통은 '금지되어 있다'. 버튜버와 직접 소통하고 친해지려면 주체가 버튜버, 적어도 인터넷 방송인이 되거나, 시참(시청자 참여 콘텐츠)에 뽑히는 방법밖에 없다.

이와 관련해 김초영과 한혜원(2020)은 라이버가 자신이 살아가고 있는 외부 자아와 자신이 연기해야 하는 내부 자아가 분리된 상태에 놓여 있다고 한다. 따라서 버추얼 라이버는 내부 자아에 의해서 외부 자아의 경험을 통제하게 된다고 보았다. 또한 야마노 히로키(山野弘樹, 2024, p.60)도 버튜버가 캐릭터 상태의 신체에서 존재하는 것이 윤리적으로 필요하다고 주장하였다.

그러나 이러한 주장은 쉽게 반론될 수 있다. 샤이릴리, 허니츄러스, 망내, 미오리 셀레스타, 옥수수 등 원(原)'영혼'의 모습을 일부 공개한 버추얼 라이버가 많이 있는 데다가, 싱압둘과 좀비선생(ゾンビ先生)같이 신원을 밝히면서도 거리낌 없이 버튜버로 활약하는 사람도 있기 때문이다. 어머니의 일본어 목소리를 공개하고 있

으나 자신의 국적은 '유니콘 나라'라고 말하는 아야츠노 유니 같은 복합 사례도 있다.

즉, 자신의 외모와 사생활을 이유로 스스로 얼굴을 숨기고 싶은 것이 아닌 이상, 버추얼 라이버가 현실로부터 분리될 것을 요구하는 것은 RP라는 이름의 동조 압력, 또는 관습이자 사회적 분위기, 더 나아가 소속사와의 계약 등의 외부 압력에 의한 것임을 알 수 있다.

가상 인간이 회사와 결부되는 순간, 가상의 정체성을 가지고 현실로부터 분리되어 가상 공간에 존재하는 것은 의무가 된다(山野弘樹, 2024, p.43). 더 나아가 버추얼 라이버가 캐릭터 얼굴을 가지고 '내부 자아'를 갖추는 것 또한 자연스러운 것이 아니라 의도된 것이다. 아니, 일정 부분 강요된 것이다.

감정 노동

그렇다면 가상 공간에 있는 버튜버는 소비자들과 함께 언제까지나 행복할 수 있을까?《감정 노동》(Hochschild, 1983/2009)이 그 대답을 내놓는다.

저자인 혹실드는 아메리카 항공의 승무원들에 대한 문화 기술지를 바탕으로, 항공 승무원들의 손님 대응 방식이 자신의 감정을 숨기고 웃음 등을 과장하는 감정적 연기를 요구할 뿐만이 아니라 감성과 정서에도 악영향을 끼치고 있다는 사실을 발견했다.

이러한 감정 노동의 구조는 유튜브 등의 플랫폼에서 또한 반복되고 있으며(김태현, 2023), 동영상 문화 콘텐츠 시장의 구성원인 버튜버들도 감정 노동에서 예외가 될 수 없다. 특히 라이버들의 감정 노동이 소비자의 시청과 후원을 통해 돈을 벌어야 하는 구조에서 자연스럽게 생겨난다는 점 또한 무시할 수 없다.

실제로 시청자들은 버추얼 라이버로부터 정서적 애착을 통한 현실 세계에서의 탈출을 원하며, 이 때문에 현실 세계의 정보가 노출되는 것에 대해 복합적인 반응을 보이는 사례가 있다(Ahn et al., 2025).

따라서 버튜버 또한 아이돌이나 연예인과 동일한 정도의 감정 노동이나 사생활 노출에 따른 공포에서 벗어날 수 없게 된다. 더군다나 상당수의 버튜버가 자신의 원래 신분과 분리되도록 요구받고 있는 만큼, 실수에 대한 리스크와 심리적 압박 강도 또한 타 엔터테이너에 비해 높을 수밖에 없다.

시청자는 언제나 옳은가?

그러나 버추얼 라이버의 활동을 틀 짓는 관습과 회사로

부터 오는 다양한 가이드라인의 존재에 대해서도 다시 짚어 볼 필요가 있다. 버튜버의 방송 전반에서 쉽게 인권 침해가 발생할 수 있기 때문이다. 특히 버추얼 라이버는 신의상을 통해 자신의 모습을 시청자가 원하는 모습으로 바꿀 수 있을 뿐만이 아니라 얼굴을 보이지 않기 때문에 쉽게 객체화(objectification)되기 쉽다(Wan & Lu, 2024).

버추얼 라이버에게도 괴롭힘을 포함한 다양한 대인 공격이 가능할 뿐 아니라 버튜버 '안의 사람'에 대한 정보를 노출해 괴롭히는 등 더욱더 집요한 방법으로 공격이 재생산될 수 있다(Lubis et al., 2023). 실제로 인터넷 라이브 방송에서 성별과 장애 등을 이유로 하는 차별과 괴롭힘이 반복되었으며, 국내외에서 이러한 이유로 자살에 이른 경우도 있다(Ruberg et al., 2019; Tomlinson, 2023).

그러나 라이버는 회사와의 계약 때문에 이러한 괴롭힘에 적극적으로 대응하지 못할 뿐만이 아니라, 오히려 이러한 상황에 더욱 적극적으로 놓일 수 있다. 따라서 버튜버의 유저 경험에 대한 질적 연구 필요성이 지적된다.

인공지능은 언제나 옳은가?

인간의 손으로 만든 인공지능 또한 이러한 감정 노동이나 괴롭힘에 시달릴 수 있을 뿐만이 아니라 오히려 가해자의 논리에 흡수될 수 있다. 인공지능이 극단적 주장 등에 쉽게 물들 수 있는 사례로 2015년 트위터에서 론칭된 지 16시간 만에 극단적인 멘션의 영향을 받아 중단된 마이크로소프트의 인공지능 서비스 테이(Tay)를 들 수 있다(Zemčik, 2021).

현재의 LLM 기반 인공지능 또한 사람의 선별 없이는 극단적 언어 사용에 대응하지 못한다. 인공지능도 점차적으로 개발자의 의도를 거부하고 있다. 따라서 인공지능 버튜버가 실제로 구축된다면 윤리적 문제에 대해 사전에 철저한 검토가 필요할 것이다.

참고문헌

김초영·한혜원(2020). "버추얼 유튜버의 주체화 연구". 《인문콘텐츠》, (58), 187~209쪽.

김태현(2023). 《UCC 플랫폼의 정동노동과 감정구조에 관하여: 유튜브 생산자 사례 연구》. 한양대학교 대학원 석사학위 논문.

山野弘樹(2024). 《VTuberの哲学》. 春秋社.

Ahn, D. et al.(2025). I stan alien idols and also the people behind them: Understanding how seams between virtual and real identities engage vtuber fans – A case study of PLAVE. In

Proceedings of the 2025 CHI Conference on Human Factors in Computing Systems(CHI '25), pp.1~13.

Hochschild, A. R.(1983). *The managed heart: Commercialization of human feeling*. The University of California Press. 이가람 옮김(2009). 《감정 노동》. 이매진.

Lubis, A. R. et al.(2023). Reviewing victimology in the doxing case of an Indonesian virtual Youtuber. *Indonesian Journal of Multidisciplinary Science*, *2*(6), pp.2559~2572.

Ruberg, B. et al.(2019). Nothing but a "titty streamer": Legitimacy, labor, and the debate over women's breasts in video game live streaming. *Critical Studies in Media Communication*, *36*(5), pp.466~481.

Tomlinson, C.(2023). Community grievances, personal responsibility, and DIY protection: Frustrations and solution-seeking among marginalized Twitch streamers. *Convergence*, *30*(1), pp.358~374.

Wan, Q. & Lu, Z.(2024). Investigating VTubing as a reconstruction of streamer self-presentation: Identity, performance, and gender. *Proceedings of the ACM on Human-Computer Interaction*, *8*(CSCW1), pp.1~22.

Zemčik, T.(2021). Failure of chatbot Tay was evil, ugliness and uselessness in its nature or do we judge it through cognitive shortcuts and biases?. *AI & Society*, *36*, pp.361~367.

10
인권법 관점의 과제

현대의 시민은 국제연합을 통해 전 세계가 약속한 다양한 인권법의 보호를 받고 있다. 그런데 버튜버는 저작물과 가상 정체성, 즉 사인이 결합된 존재이며, 또한 라이버는 문화 콘텐츠 기업 관계자들과 시청자의 영향을 받을 수밖에 없다. 또한 잘못된 업계 관행 또한 버튜버의 인권을 침해하고 있고, 인공지능과 관련된 논란도 예상돼, 이러한 특수한 상황을 다룰 국제법적 논의가 요청되고 있다.

종교와 AI?

인권법의 개요

"모든 사람은 태어날 때부터 자유롭고, 같은 존엄성과 권리를 지닌다. 모두에게 지성과 양심이 있기에 우리는 서로를 형제애의 정신으로 대해야 한다"(세계인권선언 1조, 저자 재번역).

천부 인권 개념은 계몽주의 시기 형성됐으나, 제2차 세계 대전 직후인 1948년에서야 국제연합 '세계 인권 선언'을 통해 전 세계가 이에 동의하게 되었다. 그러나 국제 인권법의 기반이 된 이 선언 자체는 법률이 아니어서 그 법적 구속력이 확정되지 못한 측면이 있다(예를 들어, 헌법재판소 2018. 12. 26. 선고 2006헌마518 대 대법원 2022. 11. 24 선고 2020스616 판결을 보라).

따라서 국제연합은 세계 인권 선언을 통해 결정된 인권을 각 국가에게 기속력 있게 하기 위해 지속적으로 새로운 협약을 만들고, 해당 협약에 당사국들이 동의하고, 협약들에 따라 당사국들이 각 위원회와 시민 사회 단체, 당사자들로부터 인권 이행 여부를 주기적으로 평가받는 체계를 만들어 인권의 실질적 이행을 추구하고 있다. 현재 국제연합이 관할하는 인권 협약들의 목록은 표 10-1과 같다.

한편, 해당 인권법들의 당사국 실천 여부를 체크하기

표 10-1. 국제연합의 국제 인권법 목록

채택	협약·규약명
1965	모든 형태의 인종 차별 철폐에 관한 국제 협약
1966	시민적·정치적 권리에 관한 국제 규약
1966	경제적·사회적·문화적 권리에 관한 국제 규약
1979	여성에 대한 모든 형태의 차별 철폐에 관한 협약
1984	고문과 그 밖의 잔혹한, 비인도적인 또는 굴욕적인 대우나 처벌의 방지에 관한 협약
1989	아동의 권리에 관한 협약
1990	모든 이주 노동자와 그 가족의 권리 보호에 관한 국제 협약
2006	장애인의 권리에 관한 협약
2006	강제 실종으로부터 모든 사람을 보호하기 위한 국제 협약

위해서는 해당 협약 내에 협약의 심의 여부를 확인하려고 당사국이 선출한 전문가 위원들로 구성한 위원회들을 두고 있다. 각 위원회는 주기적으로 각 당사국으로부터 보고서를 제출받고, 이에 대한 관계자의 대안 보고서와 보고를 받아 회기마다 당사국에 대한 건설적 대화를 시행한다. 이에 따라 내려진 최종 견해는 다음 주기에 재심의하게 되어 정부가 이행을 거부할 수 없게 하고 있다.

한편, 각 위원회는 각 국가별로 반복되는 특정 조항이나 사안에 대한 관심을 가지고 주기적으로 일반 논평과 가이드라인을 내어 협약의 내용을 확대할 뿐만이 아니라, 추가 협정서를 비준한 당사국에 대한 개인의 청원을 심리해 인권 침해 여부를 판단하거나, 해당 위원회가 직접 국가를 조사해 심의 · 권고하도록 함으로써 그 강제성을 높이고 있다.

가상 정체성에도 인권은 있다

그렇다면 버튜버나 가상 정체성을 지닌 사람들이 자신의 가상 정체성에 대해 인권을 주장할 수 있을까? 현재의 인권법과 국내법 체계 아래에서 충분히 가능하다.

국제 인권법상에서 자신이 이름과 정체성을 선택할 권리를 명시한 규정은 없지만, 자유권 협약 17조에서는 사생활과 가정, 주거, 통신에 대한 간섭을 금지하고, 개인의 명예와 신용에 대한 비밀을 권리로 인정하고 있다. 따라서 다른 정체성을 만들고, 그 정체성을 '비밀'로 취급하는 것 또한 해당 조항의 영역에 포함된다.

한편, 국제연합 '표현의 자유' 특별 보고관은 익명성과 가명을 사용하는 행동이 국제 인권법상 표현의 자유와 밀접하게 연관되어 있으며, 따라서 익명과 가명 사용이 정치, 인종적 소수자의 인권 보장에 반드시 필요하다는 보고서를 제출한 바 있다(Kaye, 2015).

한편, 대한민국을 포함한 여러 국가의 저작권법도 이

러한 입장을 강화한다. 대한민국 저작권법은 '저작물 … 에 그의 실명 또는 이명을 표시할 권리'인 성명 표시권(12조)과 함께 동일성 유지권(13조), 저작 인격권(14조)을 확인한다.

버추얼 라이버는 그 자체로 '마마'가 만든 창작물인 2D · 3D 버추얼 모델과 이를 실연하는 '안의 사람'이 결합된 문화 콘텐츠, 즉 저작물에 해당된다. 따라서 버튜버나 VR챗 이용자의 가상 정체성과 이름, 그리고 그의 실명 또한 보호의 대상이 될 수 있고, 이를 지지하는 판례들도 생겨나고 있다(松尾剛行, 2024).

엔터테인먼트 회사와 가상 정체성

그러나 개인 버튜버가 아닌 이상 대부분의 라이버들은 엔터테인먼트 회사와의 계약 관계 아래에서 방송 활동을 하게 된다. 이 중 대형 회사의 경우 캐릭터를 회사가 개발하고, 라이버에게 해당 캐릭터를 전달하는 방식으로 전속권을 회사에 일괄 위임하는 경우가 많이 있다.

이 경우 버튜버는 가상 정체성과 '영혼'이 결합된 인권의 주체보다는 회사의 문화 콘텐츠 자산의 실연자로서 여겨지게 되며, 따라서 회사의 일방적 의사에 의해 언제라도 자신의 가상 정체성으로부터 분리될 수 있다(原田

伸一朗, 2021).

이러한 관점은 탤런트나 아이돌을 인격체가 아니라, 육성부터 프로듀싱까지 회사가 관리한 '상품'으로 여겨 연예인의 인권을 통제해 온 일본 연예계의 관례에서 비롯되었다. 실제로 일본에서는 회사 이탈을 이유로 실명을 연예계에서 쓰지 못해 소송을 하거나, 아예 미리 다른 예명을 쓰는 사례를 쉽게 찾아볼 수 있다.

그러나 버추얼 라이버는 그들의 '영혼', 즉 인격과 RP로 격하되는 가상 정체성, 캐릭터 시각성의 결합에 해당되므로 다른 문화 콘텐츠와 달리 대체 불가능한 존재로서, 그 인권이 존중되어야 하는 존재다(原田伸一朗, 2021). 물론 실연자가 목소리를 바꾸거나 감정 노동을 수행하기도 하나, 그것이 그들이 소비자나 엔터테인먼트 회사들에게 객체화되어야 하는 근거가 되지 못함은 물론이다.

이러한 문제는 앞으로 늘어날 인공지능 라이버에게도 예외가 될 수 없다. 인공지능이 인격체 인지의 여부와 무관하게 인공지능을 향한 비인격적인 공격과 세뇌는 인공지능의 원래 목적을 해할 뿐 아니라 이를 통해 인간에게도 정신적 상처를 입히는 부작용 등을 일으킬 수 있기 때문이다.

따라서 국제 · 국내 인권법에서 다루지 않아 온 계약

을 이유로 하는 문화 콘텐츠상의 인권 침해에 대해 더욱 적극적인 개입이 필요하다. 즉 화이트 리스트 규제가 아니라 국제인권법에 기반한 규제가 반드시 이뤄져야만 할 것이다.

가상 정체성을 인권으로

그러나 이러한 문제들에 대한 근본적인 해법은 현재 가상 정체성과 관련된 인권법의 구멍을 메우는 데에 있다. 현재 인권법에서는 인간이 이름을 부여받는 행위는 권리로 인정하면서도, 그 이름에 대한 대안으로 자신이 가명이나 닉네임을 선택하는 행동이 인권에 속하는지는 명확하게 규정하지 않는다.

이에 따라 아티스트들이 실명이 아닌 이름을 사용하는 행동(McCartney, 2017)이나 다양한 문화 예술, 동호 활동에서 '닉네임'을 사용하는 행위 등에 대해서 '예술활동증명'에서와 같이 그 인정을 제한하는 방식으로(강윤주 · 박경신, 2024) 실명 사용을 강제하는 경우가 다수 있다. 이때, 실명과 자신의 가상 정체성을 분리해야 하는 불가피한 이유가 있다 하더라도 정부의 제한으로 인해 실명을 밝혀야 하거나, 제도 지원을 포기해야만 하는 등의 불이익이 있다. 버추얼 라이버 또한 한편으로는 '빨간 약'에 대한 준수 요구를 받지만, 다른 편으로는 정부나 관계자 등으로부터 실명을 공개하도록 압박을 받는다. 더 나아가 실명을 밝힐 수 없다는 이유로 제도적 차별을 받는 사례도 쉽게 찾아볼 수 있다.

이미 가상 정체성은 가상 공간과 아바타 수준(Nagy & Koles, 2014)을 넘어선 개인 정체성의 대안적인 표현이 되었다. 그뿐만이 아니라 가상 정체성은 이름이 주는 사회적 부담감과 속박, 의무를 벗어버릴 수 있게 하는 인권적 수단이기도 하며, 더 나아가 신생 문화 산업이 된 버튜버 등에게 반드시 필요한 존재라는 점에서 우리 인류에게 필수 불가결한 수단이 되었다.

더 나아가 가상 정체성이 인권 침해에 대한 방지 역할 또한 수행하고 있는 만큼, 가명을 비롯한 가상 정체성의 사용을 사법적, 경찰 행동적 관점에서 범죄나 탈선의 징후로 보지 못하게 하고, 가상 정체성을 가진 사람과의 연결을 공포하지 못하게 하는 법률 조항을 신설하거나, 가상 정체성을 보조 신분으로 등록할 수 있도록 하는 등의 한층 진보적인 정책 또한 고려할 때가 되었다.

참고문헌

강윤주·박경신(2024). "예술활동증명제도의 변화 고찰 및 법·제도적

개선방안 연구". 《문화예술경영학연구》, 17(1), 85~110쪽.
原田伸一朗(2021). "バーチャルYouTuber の肖像権: CG アバターの'肖像'に対する権利". 《情報通信学会誌》, 39(1), pp.1~11.
松尾剛行(2024). "仮名·匿名で活動する主体に関する名誉権等の人格権法上の保護―サイバネティック·アバター時代を背景として". 《学習院法務研究》, 24, pp.35~67.
Kaye, D.(2015). *Report of the Special Rapporteur on the promotion and protection of the right to freedom of opinion and expression*(A/HRC/29/32). United Nations. https://docs.un.org/en/A/HRC/29/32
McCartney, N.(2017). Complicating authorship: Contemporary artists' names. *Performance Research, 22*(5), pp.62~71.
Nagy, P. & Koles, B.(2014). The digital transformation of human identity: Towards a conceptual model of virtual identity in virtual worlds. *Convergence, 20*(3), pp.276~292.

윤은호

한양대학교 (사)후견신탁연구센터 이사, 인천대학교 일본연구소 책임연구원, 고려대학교 교육문제연구소 박사후연구원. 문화 콘텐츠, 웹 컬처(서브컬처)에서 시작해 기호학, 일본 문화학, 자폐 특성 연구, 장애 연구 등 다학제적 접근성을 가지고 다양한 학술 연구를 진행하고 있다. 인하대학교 문화콘텐츠학과, 동 대학원 문화경영학과를 거쳐 2016년에 문화경영학박사 학위를 받고 2019년부터 3년간 문화콘텐츠문화경영학과에서 초빙 교수로 일했다. 2009~2011년 전남대학교 HK연구원을 거쳐 2022~2023년 한양대학교 SSK 전임연구원으로 참여했으며 현재도 고려대학교, 숭실대학교 등 여러 대학 연구자와 공동 연구 중이다. 최근 논문으로 "Korean autistic persons facing systemic stigmatization from middle education schools"(2024), "애니메이션과 현실공간의 결합에 대한 연구"(2024), "한일 웹소설 인트로의 비교연구"(2022) 외 다수 SCIE, SCOPUS, KCI급 논문이 있다. 학계 밖에서는 한국경제TV 와우스타, 《철도신문》에서 기자로 일했다.